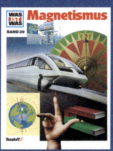 
 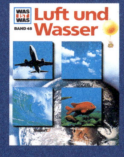 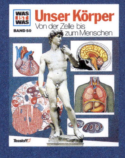  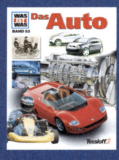 
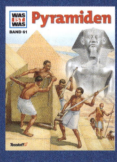    
    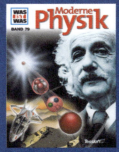

Weitere Titel siehe letzte Seite.

Ein  Buch

Gladiatoren

Von Prof. Wolfgang Tarnowski

Illustriert von Gerd Werner

*Gladiatorenkampf.
Fußbodenmosaik aus einer Villa der römischen Kaiserzeit.
(Nennig an der Mosel, um 250 n. Chr.)*

Vorwort

Um die Mitte des 3. Jahrhunderts v. Chr. übernahmen die Römer von ihren etruskischen Nachbarn den Brauch, bei Totenfeiern für bedeutende Männer bewaffnete Kriegsgefangene auf Leben und Tod miteinander kämpfen zu lassen. Die Römer jedoch faszinierte daran weniger der fromme Zweck als vielmehr das Spiel mit dem Tod, das Sensationelle. Und so entwickelte sich bei ihnen aus dem religiösen Leichenschaukampf etwas ganz anderes, eine Institution, die in der Geschichte der Menschheit kein Gegenstück hat: das römische Gladiatorenwesen. Hinter diesem Begriff verbirgt sich eine gigantische Vergnügungsindustrie, die schließlich Hunderttausende von Menschen beschäftigte und Unsummen verschlang. Ihre Aufgabe war es, im ganzen Römischen Reich eine Art Zirkusspiele für alle mit einem möglichst abwechslungsreichen Programm zu organisieren: Spiele, deren größte Attraktion der Kampf auf Leben und Tod war. Zu diesem Zweck steckte man Gefangene, Sklaven und Verbrecher, später auch Freiwillige in Uniformen, ließ sie von Fechtlehrern zu „Gladiatoren" ausbilden und hetzte sie unter den Augen der Zuschauer gegeneinander, bis Blut floß und der Unterlegene unter den Händen des Siegers sein Leben aushauchte.

Diesem römischen Gladiatorenwesen fielen im Laufe der Jahrhunderte Millionen von Männern und Frauen zum Opfer. Sie starben – oft zu Hunderten an einem einzigen Tag und Ort – auf öffentlichen Plätzen, in Theatern, in Rennbahnen und in den Arenen der eigens für den Gladiatorenkampf errichteten Amphitheater. Mit ihnen verendeten unvorstellbare Mengen wilder Tiere, die von einer Armee von Tierfängern angeliefert wurden, bis rings um das Mittelmeer viele Arten ganz oder beinahe ausgerottet waren.

Dieses WAS IST WAS-Buch schildert, wie es dazu kommen konnte. Es berichtet vom religiösen Ursprung des Gladiatorenkampfes; von seiner Umformung und Weiterentwicklung durch die Römer; von Herkunft, Leben und Schicksal der Gladiatoren; von den grausigen Höhepunkten des Gladiatorenwesens in der Kaiserzeit, den Massenhinrichtungen, Tierhetzen und Seeschlachten; und zuletzt vom langen Kampf der jungen christlichen Kirche gegen die Spiele und von deren Ende zu Beginn des 5. Jahrhunderts n. Chr.

WAS IST WAS, Band 82
■ Dieses Buch ist auf chlorfrei gebleichtem Papier gedruckt.
Fotos: Archivi Alinari S.p.A., Firence (4), Archiv für Kunst und Geschichte, Berlin (6), Archiv Gerstenberg (1), Archäologisches Institut, Hamburg (3), Bildarchiv Preussischer Kulturbesitz, Berlin (7), Prof. Mauro Cristofani (1), Historia-Photo (3), Instituto Geografico de Agostini (4), Photostudio Koppermann (1), Raggi Verlag, Schweiz (7), Scala, Firenze (8)
Illustrationen: Gerd Werner
Karten und grafische Darstellungen: Manfred Kostka und Frank Kliemt

Copyright © 1987, Tessloff Verlag, Burgschmietstraße 2–4, 90419 Nürnberg.
http://www.tessloff.com
Die Verbreitung dieses Buches oder von Teilen daraus durch Film, Funk oder Fernsehen, der Nachdruck, die fotomechanische Wiedergabe sowie die Einspeicherung in elektronischen Systemen sind nur mit Genehmigung des Tessloff Verlages gestattet.
ISBN 3-7886-0422-0

Inhalt

Der Ursprung der Gladiatorenspiele

Was sind Gladiatorenspiele?	4
Wer waren die Etrusker?	6
Wie bestatteten die Etrusker ihre Toten?	8
Wann übernahmen die Römer den Gladiatorenkampf?	10
Wie veränderten sich die Munera bei den Römern?	10
Wie begann der politische Mißbrauch der Munera?	12
Wie wurden die Kampfspiele zur Volksbelustigung?	13

Der Beruf des Gladiators

Wer wurde in der Frühzeit Gladiator?	14
Was waren Auctorati?	14
Gab es auch weibliche Gladiatoren?	15
Wo erlernten Gladiatoren ihr Handwerk?	16
Wie sah es in einer Gladiatorenschule aus?	16
Wie wurden die Gladiatoren versorgt?	17
Wie verlief die Ausbildung in einer Gladiatorenschule?	18
Wie ertrugen die Gladiatoren ihr Leben in den Schulen?	18
Wie verlief der Aufstand des Spartacus?	20
Welche Rechte besaßen die Gladiatoren vor dem Gesetz?	21
Welches öffentliche Ansehen hatten Gladiatoren?	22

Das Amphitheater

Wo wurden Gladiatorenkämpfe ursprünglich ausgetragen?	22
Was ist ein Amphitheater?	23
Wo entstanden die ersten Amphitheater?	25
Welches Amphitheater ist das berühmteste?	26
Wie groß war das Kolosseum?	26
Welche Folgen hatte der Bau des Kolosseums?	28

Kampf und Tod in der Arena

Wie wurde für Gladiatorenspiele geworben?	28
Wie wurde ein typisches Gladiatorenspiel eröffnet?	30
Worin bestand das Vorprogramm eines Munus?	31
In welcher Ausrüstung kämpften die Gladiatoren?	31
Wie waren die Zweikämpfe auf Leben und Tod geregelt?	34
Wie starb der im Kampf Unterlegene?	36
Wie wurde der Sieger belohnt?	37
Wie lange konnte ein Gladiator überleben?	38
Wie förderten die Kaiser die Munera?	39
Was ist eine Naumachie?	41
Welche Rolle spielten Tierkämpfe in der Arena?	42
Wie wurden Hinrichtungen durch Tiere vollzogen?	43
Was waren Tierhetzen?	44

Das Ende der Gladiatorenspiele

Wer forderte als erster die Abschaffung der Munera?	46
Wie wurden die Gladiatorenspiele abgeschafft?	47

Der Ursprung der Gladiatorenspiele

Was sind Gladiatorenspiele?

Gladiatoren*spiele* – hinter diesem harmlos klingenden Wort verbirgt sich eine der schrecklichsten Verirrungen der Menschheitsgeschichte: der im Alten Rom und später in der ganzen römischen Welt geübte Brauch, Berufsfechter (Gladiatoren), Kriegsgefangene und verurteilte Verbrecher zum Kampf auf Leben und Tod zu zwingen, um mit dem so vergossenen Blut die Sensationsgier eines verrohten Publikums zu befriedigen, das am Leiden anderer Menschen seinen Spaß hatte. Die Römer selbst bezeichneten Veranstaltungen dieser Art als „munus" (Mehrzahl: munera), ein Wort, das hier soviel wie „Dienst an den Toten" oder „Totenopfer" bedeutet. Warum – das werden wir später sehen.

Seit der Mitte des 3. Jahrhunderts v. Chr. nahmen Munera im Leben des römischen Volkes einen immer breiteren Raum ein. Später, in der Kaiserzeit, zogen sie Jahr für Jahr Millionen von Menschen in ihren Bann: ein Massenpublikum, das schweigend oder schwatzend, nachdenklich oder amüsiert, erregt oder kühl zuschaute, wenn drunten in der Arena Bewaffnete aufeinander eindrangen, wie sie es auf der Gladiatorenschule gelernt hatten: effektvoll, trickreich, rücksichtslos und, wenn die Anwesenden es wünschten, bis zum bitteren Ende.

Man muß sich die Atmosphäre bei einem solchen Gladiatorenspiel vorstellen wie die Stimmung bei einem besonders spannenden Fußballspiel. Jeder Angriff wurde von aufmunterndem Beifall, jedes Zurückweichen von schrillen Pfiffen oder

wütenden Zurufen begleitet. Und lief einer der Gegner schließlich in eine Falle, strauchelte er oder traf ihn gar der Todesstoß, dann gingen ein Aufschrei und ein dumpfes Stöhnen durch die erregte Menge der Zuschauer, während der Schiedsrichter ungerührt herantrat, die Hand hob und den Kampf für beendet erklärte. Auf sein Zeichen hin eilten Träger herbei, hoben den blutverschmierten Leichnam auf eine bereitstehende Bahre und schleppten ihn durch ein Seitentor hinaus zu den übrigen Gefallenen in die Leichenkammer. Der schwer

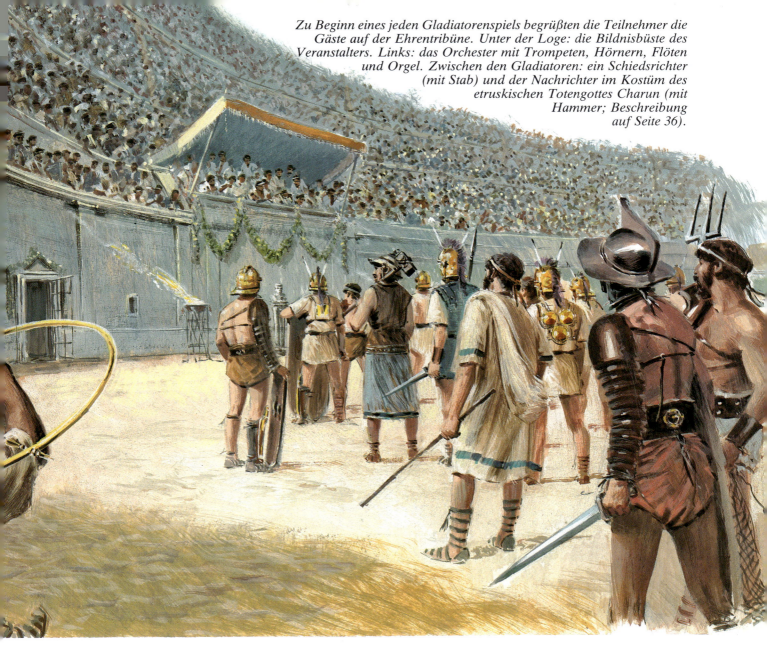

Zu Beginn eines jeden Gladiatorenspiels begrüßten die Teilnehmer die Gäste auf der Ehrentribüne. Unter der Loge: die Bildnisbüste des Veranstalters. Links: das Orchester mit Trompeten, Hörnern, Flöten und Orgel. Zwischen den Gladiatoren: ein Schiedsrichter (mit Stab) und der Nachrichter im Kostüm des etruskischen Totengottes Charun (mit Hammer; Beschreibung auf Seite 36).

atmende und erschöpfte Sieger aber empfing aus der Hand des Veranstalters und unter dem aufrauschenden Beifall des Publikums den Siegespreis: einen Palmzweig oder einen Ehrenkranz und die ihm zustehende Summe Geldes.

Dann bedeckten Sklaven den zerwühlten und mit Blut besudelten Kampfplatz mit frischem Sand, und das „Spiel" nahm seinen Fortgang. Bis die Menschen, von der Sonne und vom Blutvergießen müde, sich von ihren Plätzen erhoben und, mit sich und der Welt zufrieden, nach Hause schlenderten.

Angeekelt von dieser Art Volksbelustigung, empörte sich der berühmte Staatsmann, Philosoph und Schriftsteller Seneca der Jüngere (um 4–65 n. Chr.): *„Der Mensch, dem Menschen einst heilig, wird jetzt zum Scherz und Spiel ermordet. Einst galt es als ein Verbrechen, ihn zu lehren, wie man Wunden beibringt, jetzt aber muß er sich nackt darbieten, und der Tod eines Menschen ist den Leuten ein willkommenes Schauspiel."*

Doch der Protest des großen Mannes verhallte ungehört. Erst viele Jahre später machten die christlichen Nachfolger der römischen Kaiser dem menschenverachtenden Wahnwitz der Gladiatorenspiele ein Ende.

Wer waren die Etrusker?

Etwa um die Mitte des 8. Jahrhunderts v. Chr. begann in den Küstenregionen Nordost- und Westitaliens der Aufstieg eines Volkes, das die Römer „Tusker" oder „Etrusker" nannten. Bis heute weiß niemand, woher dieses Volk kam. Doch hat man schon früh bemerkt, daß der etruskischen Lebensart, der etruskischen Kunst und vor allem der etruskischen Religion etwas Orientalisches anhaftet. Es ist deshalb möglich, daß zumindest ein Teil der Etrusker gar nicht aus Italien stammt, sondern aus Vorderasien eingewandert ist.

Dafür spricht auch das Staatswesen, das sie auf italienischem Boden schufen: kein festgefügtes Reich, keine Hauptstadt, kein starker König, keine gemeinsame Verwaltung; statt dessen ein lockerer Bund selbständiger Stadtstaaten, die alle ihre eigene Politik verfolgten und sich dabei wenig um die Interessen der anderen scherten. Diese für viele Mittelmeerkulturen typische Kleinstaaterei wurde den Etruskern später zum Verhängnis. Denn als die Römer um die Mitte des 1. Jahrtausends v. Chr. darangingen, ihr damals noch winziges Staatsgebiet Schritt für Schritt zu vergrößern und dabei eine etruskische Stadt nach der anderen eroberten und in Besitz nahmen, sahen die übrigen tatenlos zu, bis sie eines Tages selbst an der Reihe waren.

Zu Beginn des 6. Jahrhunderts v. Chr. aber waren die Etrusker die unbestrittenen Herren in Nord- und Mittelitalien. Wie die Karte auf dieser Seite zeigt, reichte ihr Einflußbereich von der Po-Ebene bis zur Westküste der italienischen Halbinsel und weiter südwärts bis zum Golf von Neapel. Auch die damals noch unbedeutende Kleinstadt Rom mußte sich ihrer Macht unterwerfen.

Rund 100 Jahre lang herrschten dort etruskische Könige. Als es den Römern im Jahre 510 v. Chr. schließlich gelang, den letzten dieser Könige abzusetzen und zu vertreiben, hatten etruskische Lebensart, etruskische Kunst und etruskische Religion den Einwohnern und ihrer Stadt bereits für immer ihren Stempel aufgedrückt. So kommt es, daß vieles, was man lange Zeit für typisch römisch hielt, in Wahrheit etruskischen Ursprungs ist: das römische Staatsgewand, die Toga, zum Beispiel; die Einrichtung der öffentlichen Wahrsager, der Auguren; der Triumphzug für siegreiche Feldherren; die eigentümliche Form von Tempeln und Wohnhäusern

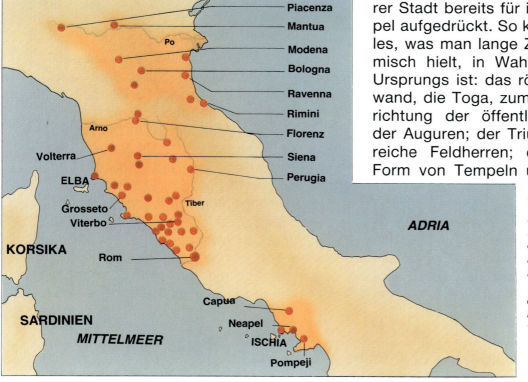

Wie diese Italienkarte zeigt, lagen die von den Etruskern gegründeten oder beherrschten Städte (rot) vor allem in der heutigen Provinz Toskana (Mitte links), aber auch in der Po-Ebene (oben) und am Golf von Neapel (unten).

und, was vielleicht noch wichtiger ist, zahllose Alltagsgewohnheiten und religiöse Bräuche.

Von den Etruskern selbst ist wenig geblieben. Ihre Städte wurden von den Römern in langen, erbitterten Kriegen zerstört. Von ihrer einst reichen Literatur hat man nicht ein einziges Buch gefunden. Und die Inschriften, die wir kennen, kann niemand lesen, weil die etruskische Sprache mit keiner bekannten Sprache verwandt zu sein scheint. So konzentriert sich die Forschung notgedrungen auf die meist reich ausgestatteten Gräber, von denen sich viele bis in unsere Tage erhalten haben.

Eine Gräberstraße in der Nekropole Banditaccia, einer von vier Totenstädten, in denen die Bürger der alten, reichen Etruskerstadt Kysry (römisch: Caere) ihre Verstorbenen beisetzten.

Wie bestatteten die Etrusker ihre Toten?

Nach allem, was wir von ihnen wissen, waren die Etrusker ein überaus gottesfürchtiges Volk. Ja, sie waren von ihrer Religion geradezu besessen. In dieser Religion spielte der Dienst an den Toten eine herausragende Rolle. Denn nach etruskischem Glauben war der Tod nicht das Ende der menschlichen Existenz, sondern lediglich ein Übergang in eine andere Daseinsform, in der die Verstorbenen ihr Leben unter den Augen der Götter weiterlebten wie bisher. Vorausgesetzt allerdings, daß sie dort im Jenseits alle Annehmlichkeiten und alle Hilfen vorfanden, über die sie auch im Diesseits hatten verfügen können.

Dafür zu sorgen war heilige Pflicht der Hinterbliebenen. Die Etrusker erfüllten diese Pflicht gewissenhaft, vor allem dadurch, daß sie ihren Verstorbenen angemessene Wohnungen errichteten: prächtig geschmückte Häuser für die Vornehmen und Reichen, einfache, aber liebevoll ausgestattete Kammern für die weniger Begüterten. Auf diese Weise entstanden im Laufe von Jahrhunderten außerhalb der Stadtmauern die sogenannten Nekropolen: Totenstädte, die mancherorts weitläufiger waren, als die Städte für die Lebenden.

Hier, in den etruskischen Nekropolen, begegnen wir zum erstenmal in der Geschichte der italienischen Halbinsel je-

Auf dieser Abbildung sieht man drei der großen runden Grabhäuser von Banditaccia: sogenannte Tumuli. Vorn die Eingänge zu Gräbern, die die Etrusker aus Platzmangel in einer zweiten Ebene, unter den darüberliegenden älteren, anlegten.

Links: Die prächtige Eingangshalle zum sogenannten „Grab der Throne und Schilde" in Banditaccia. Rechts: Blick in das „Grab der Reliefs". Wie der gezeigte Pfeiler, so sind in diesem heiteren Raum alle Wände mit buntbemalten Reliefs von Gebrauchsgegenständen bedeckt, die den Toten in ihrem Jenseitsleben auf magische Weise zur Verfügung stehen sollten.

nem düsteren Brauch, aus dem später das römische Gladiatorenwesen hervorging: dem „Kampf an der Bahre". Es war dies eine im wahrsten Sinne des Wortes todernste religiöse Handlung. Vor dem bekränzten Totenbett, auf dem man sich den Verstorbenen anwesend dachte, mußten schwerbewaffnete Kriegsgefangene gegeneinander zum Zweikampf auf Leben und Tod antreten, um mit ihrem Blut den Geist des Abgeschiedenen zu versöhnen und die Totengötter gnädig zu stimmen. Ein Menschenopfer also, das hier allerdings nicht von Opferpriestern an Wehrlosen vollzogen wurde, sondern von den in Waffen kämpfenden Geopferten selbst.

Für die Männer, die man zu solchen Kampfopfern bestimmte, prägten die Römer einen eigenen Begriff: Gladiatoren – ein Wort, das darauf hindeutet, daß Leichenschaukämpfe ursprünglich mit dem Schwert (lateinisch: gladius) ausgetragen wurden.

Dieser um 600 v. Chr. entstandene Sarkophag aus gebranntem Ton stammt ebenfalls aus der alten Etruskerstadt Kysry (römisch: Caere, heute: Cerveteri). Das Relief auf seiner Vorderseite zeigt vermutlich einen etruskischen Gladiatorenkampf vor Zuschauern.

Die Etrusker, von denen die Römer später den Gladiatorenkampf übernahmen, haben uns nur wenige Abbildungen solcher Kämpfe hinterlassen. Die obigen drei gehören dazu. Es sind Zeichnungen nach Reliefs, die Wissenschaftler auf etruskischen Urnen in der Umgebung des heutigen Perugia entdeckten. Ähnliche Urnen mit Gladiatorenkämpfen hat man auch in Volterra und in solchen Gegenden gefunden, in denen die Etrusker ihre Toten nicht in Särgen begruben, sondern verbrannten.

Wann übernahmen die Römer den Gladiatorenkampf?

Wie wir gesehen haben, war Rom im 6. Jahrhundert v. Chr. eine von den Etruskern beherrschte Stadt. Spätestens damals also müssen die Römer die etruskische Sitte des Gladiatorenkampfes bei Begräbnissen kennengelernt haben. Wann sie jedoch diese Sitte in ihr eigenes religiöses Brauchtum übernahmen, ob vor oder nach der Vertreibung der etruskischen Könige, das wissen wir nicht genau. Denn aus jener dunklen Zeit besitzen wir keine zuverlässigen Quellen, die von Gladiatorenkämpfen berichten.

Vermutlich deshalb ist das erste rein römische Gladiatorenspiel erst für das Jahr 264 v. Chr. sicher bezeugt. Es wurde auf dem Rindermarkt Roms veranstaltet und hielt sich noch streng an das Vorbild der Etrusker. Anlaß war hier wie dort der Tod eines bedeutenden Mannes: des Senators Decimus Junius Brutus Pera. Gestiftet wurde das Kampfopfer nach etruskischer Sitte von den nächsten Angehörigen des Verstorbenen. Und gekämpft wurde, wie bei den Etruskern, vor versammelter Trauergemeinde und in vergleichsweise bescheidenem Rahmen: mit nur 6 Gladiatoren. Noch standen also nicht Aufwand und Ruhm des Veranstalters, sondern allein das Wohlergehen des Toten im Jenseits und sein Andenken unter den Lebenden im Mittelpunkt der feierlich-blutigen Opferhandlung. Doch das sollte sich schon bald ändern.

Wie veränderten sich die Munera bei den Römern?

Gegen Ende des 3. und im Verlaufe des 2. Jahrhunderts v. Chr. wurden die Munera für die römischen Bürger mehr und mehr zur willkommenen Abwechslung in einem sonst eher ein-

Die ersten römischen Gladiatorenkämpfe wurden als Totenfeiern zu Ehren berühmter Männer veranstaltet. Sie fanden auf öffentlichen Plätzen oder in Hallen statt. Zuschauer waren in erster Linie die Angehörigen und Freunde des Verstorbenen, die dem Kampf schweigend beiwohnten.

tönigen Alltagsleben. Schuld daran war der römische Geburts- und Geldadel, der der Versuchung nicht widerstehen konnte, die Begräbnisfeierlichkeiten für seine Angehörigen und in diesem Rahmen auch die Leichenschaukämpfe zur Demonstration seiner Macht und seines Reichtums zu mißbrauchen.

Man kann diese ungute Entwicklung leicht an der Zahl der Gladiatoren ablesen, die in der Folgezeit aufgeboten wurden. Im Jahre 216 v. Chr., bei der Leichenfeier für den Konsul Marcus Aemilius Lepidus, waren es gut siebenmal so viel wie ein halbes Jahrhundert zuvor, nämlich 44. Nur 16 Jahre später, also im Jahre 200 v. Chr., kämpften zu Ehren des schwerreichen Marcus Valerius Laevinus bereits 50 Mann. Und im Jahre 183 v. Chr. überboten die Angehörigen des verstorbenen Oberpriesters Publius Licinius Crassus auch diesen Rekord: zum Ruhme des Toten und seiner Familie verpflichteten sie nicht weniger als 200 Gladiatoren.

Damit aber war die weitere Entwicklung vorgezeichnet. Denn Munera dieser Größenordnung erstreckten sich naturgemäß über mehrere Tage und mußten allein deshalb ein breites Publikum anlocken. Das aber kam selbstverständlich nicht, um dem Toten die letzte Ehre zu erweisen, sondern weil es sich das blutige Schauspiel nicht entgehen lassen wollte, das ihm da kostenlos geboten wurde. Mit der Masse der Zuschauer aber veränderte sich auch der Charakter der Munera. Denn wo einst Angehörige und Freunde des Verstorbenen dem „Kampf an der Bahre" schweigend und mit innerer Anteilnahme beigewohnt hatten, herrschte nun ein ständiges Kommen und Gehen, Geraune, anfeuernde oder mißbilligende Zwischenrufe und zuweilen auch Gelächter, wenn einer der Kämpfenden nach Meinung der Zuschauer eine schlechte Figur machte. Mit einem Wort: Das eigentlich als Gottesdienst gedachte Menschenopfer wandelte sich allmählich zum Volksfest.

Im Krisenjahr 105 v. Chr. veranstaltete die römische Regierung das erste Gladiatorenspiel auf Staatskosten – nicht zu Ehren eines Verstorbenen, sondern zur militärischen Ertüchtigung des Volkes. Damit begann der politische Mißbrauch der Spiele.

Wie begann der politische Mißbrauch der Munera?

Der letzte Schritt auf dem Wege der Munera zur reinen Volksbelustigung war ihre Ablösung vom Totenkult und ihr Mißbrauch zu politischen Zwecken. Den unmittelbaren Anlaß dazu gaben die dramatischen Ereignisse des Krisenjahres 105 v. Chr.

Damals waren die germanischen Volksstämme der Kimbern und Teutonen auf der Suche nach einer neuen Heimat in die südfranzösischen Provinzen des Reiches eingedrungen und hatte dort zwei weit überlegene römische Armeen in offener Feldschlacht besiegt. Vor allem die Kimbernschlacht von Arausio (heute: Orange) wurde für die sieggewohnten Römer zur Katastrophe: Mehr als 80 000 Soldaten fanden in diesem blutigen Gemetzel den Tod. Als sich daraufhin in Italien das Gerücht verbreitete, die siegreichen Barbaren hätten die Alpen überstiegen und befänden sich im Anmarsch auf Rom, breitete sich in der Stadt nackte Angst aus.

In dieser, wie sie glaubten, bedrohlichen Lage hielten es die beiden regierenden Konsuln Publius Rutilius Rufus und Gaius Manlius für geboten, die um Besitz und Leben zitternden Bürger an jene alten vaterländischen Tugenden zu erinnern, denen Rom seinen Aufstieg und seine Größe verdankte: an Gleichmut im Unglück, Kaltblütigkeit, Todesverachtung, Disziplin und Härte gegen sich und den Feind. Um diese Tugenden wirkungsvoll zu veranschaulichen, verpflichteten sie auf Staatskosten die Elite der römischen Gladiatoren: die Fechtmeister aus der berühmten Schule des

Gaius Aurelius Scaurus. Als Meister des Kriegshandwerks und unerschrocken, wie sie waren, sollten diese Männer den Verängstigten vor Augen führen, wie man gegen hereinbrechende Feinde die Waffen gebraucht, wie man dabei sein Leben so teuer wie möglich verkauft und wie man notfalls den Tod eines echten Römers stirbt.

Ob das aus der Staatskasse finanzierte blutige Schauspiel die Erwartungen der Auftraggeber erfüllte, ob es den verschreckten Bürgern, wie erhofft, Mut und Zuversicht einflößte – wir werden es nie erfahren. Denn die siegreichen Germanen nutzten ihre Chance nicht. Anstatt in das schutzlos vor ihnen liegende Italien einzudringen, drehten die Teutonen mit ihren Trecks nach Norden, die Kimbern nach Westen ab.

Für das römische Gladiatorenwesen aber hatte das staatlich verordnete Munus des Jahres 105 v. Chr. tiefgreifende Folgen. Denn zum erstenmal in der römischen Geschichte waren hier Gladiatorenkämpfe nicht aus religiösen, sondern allein aus Gründen reiner Zweckmäßigkeit veranstaltet worden. Das aber mußte manchen ehrgeizigen Politiker auf falsche Gedanken bringen. Und tatsächlich – schon wenige Jahre später ahmten die ersten das ungute Beispiel ihrer Regierung nach und veranstalteten nun auch ihrerseits nicht-religiöse Gladiatorenspiele: angeblich, um den kriegerischen Geist im Volke wachzuhalten, in Wahrheit aber, um sich bei ihren Wählern anzubiedern und so schneller Karriere zu machen.

| **Wie wurden die Kampfspiele zur Volksbelustigung?** |

Offensichtlich hatte die breite Masse der Bevölkerung gegen die Entwicklung der Munera von einer religiösen Feier im engsten Kreis zum Vergnügen für alle wenig einzuwenden. Im Gegenteil, das blutige Schauspiel der Gladiatorenkämpfe kam dem römischen Volkscharakter, seiner Mitleidlosigkeit und Grausamkeit, sehr entgegen. Nicht lange, und die Massen betrachteten Munera als etwas Selbstverständliches und schließlich als ihr gutes Recht. So konnte es zum Beispiel geschehen, daß in der norditalienischen Stadt Pollentia (heute: Pollenzo) die Beisetzung eines hohen Beamten von den Bürgern solange mit Gewalt verhindert wurde, bis seine Erben Geld für ein Gladiatorenspiel stifteten, während die Obrigkeit tatenlos zusah.

Spätestens bei diesem Stand der Dinge war die weitere Entwicklung nicht mehr aufzuhalten. Bald suchten und fanden amtliche und private Veranstalter immer neue Anlässe, um sich mit Gladiatorenspielen beim Volke beliebt zu machen. Mit Kampf, Blut und Tod gefeiert wurden jetzt: Jahrestage zum Gedächtnis Verstorbener, die Fertigstellung öffentlicher Bauwerke, die Einweihung von Tempeln und Statuen, siegreich bestandene Schlachten und Kriege, das Ende einer Seuche, der Beginn einer neuen Epoche und vieles andere mehr.

Geschichtsforscher haben überschlagen, wieviele Tage im Jahr die Römer für Festlichkeiten aufwendeten, in deren Rahmen auch Gladiatorenkämpfe gegeben wurden. Sie kamen auf erschreckende Zahlen. Schon in der Regierungszeit des ersten römischen Alleinherrschers, des Kaisers Augustus (27 v.–14 n. Chr.), waren es 66 Tage. Gut anderthalb Jahrhunderte später, unter Kaiser Marc Aurel (161–180 n. Chr.), hatte sich diese Zahl bereits verdoppelt: auf 135. Und im 4. Jahrhundert n. Chr. war man schließlich bei mehr als 175 Tagen im Jahr angelangt. Dabei sind in diesen Zahlen noch nicht einmal die vielen Sonderveranstaltungen enthalten, die die Kaiser und ihre Günstlinge dem Volke außerhalb der Reihe stifteten.

Der Beruf des Gladiators

Wer wurde in der Frühzeit Gladiator?

In der Frühzeit des römischen Gladiatorenwesens waren die meisten Gladiatoren *Sklaven*. Sklaven waren nach römischem Recht keine Menschen, sondern Sachen. Dementsprechend stand es ihren Besitzern frei, sie zu jeder erdenklichen Arbeit zu zwingen: auf dem Felde, im Bergwerk, im Steinbruch, als Taucher, in der Tretmühle oder eben auch in der Arena.

Unter den Sklaven, die zum Beruf des Gladiators gepreßt wurden, befanden sich viele *Kriegsgefangene*, die nach den Gepflogenheiten der Zeit mit ihrer Gefangennahme alle Menschenrechte verloren und zur Ware herabsanken. Kriegsgefangene waren bei den Einkäufern der Gladiatorenschulen deshalb besonders beliebt, weil sie nicht nur jung, gesund und kräftig waren, sondern als ehemalige Soldaten auch mit Waffen umzugehen wußten. Ihre Ausbildung war also weniger kostspielig.

Eine dritte bedeutende Gruppe unter den Gladiatoren bildeten die *Verbrecher*. Es waren hauptsächlich Schwerverbrecher (zum Beispiel Mörder oder Brandstifter) und sogenannte Staatsverbrecher (zum Beispiel Tempelschänder, Fahnenflüchtige oder Hochverräter), die von römischen Gerichten „zur Gladiatorenschule" oder aber gleich „zur Arena" verurteilt wurden. Zu den Staatsverbrechern zählte man seit Kaiser Nero (54–68 n. Chr.) auch die Christen, weil sie sich standhaft weigerten, den römischen Göttern zu opfern und dem Kaiser die vorgeschriebenen göttlichen Ehren zu erweisen. Später, als der Bedarf an Gladiatoren ins Unermeßliche stieg, mußten auch kleinere Ganoven, zum Beispiel Betrüger, in die Arena.

Was waren Auctorati?

Neben Sklaven, Kriegsgefangenen und Verbrechern gewann in der frühen Kaiserzeit noch eine vierte Gruppe von Gladiatoren an Bedeutung: die Auctorati. So nannten die Römer Staatsbürger, die sich freiwillig zum Kampf in der Arena verpflichtet hatten. Spätestens seit Ende des 1. Jahrhunderts n. Chr., vielleicht auch schon früher, stellten sie die Hauptmasse der Berufsgladiatoren.

Viele Auctorati waren verkrachte oder verzweifelte Existenzen aus den unteren Schichten des Volkes: freigelassene Sklaven, Hochverschuldete (denen das Schuldgefängnis drohte), oder Schlägertypen, die zu geregelter Arbeit keine Lust hatten. Sie alle reizte vor allem die

Die ersten römischen Gladiatoren waren Kriegsgefangene, die, wie dieser Orientale vom Triumphbogen des Kaisers Septimius Severus, nach der Gefangennahme zum Sklaven herabsanken.

stattliche Abfindung, die derjenige bekam, der seine Dienstzeit als Gladiator lebend überstand. Doch nicht nur arme Leute verpflichteten sich als Auctorati. Auch Söhne aus wohlhabenden und begüterten Familien ließen sich zuweilen anwerben. Sie trieb vor allem Abenteuerlust in die Arena, das prickelnde Spiel mit dem Tod.

Anders als Sklaven, Kriegsgefangene und Verbrecher durften die Auctorati außerhalb der Gladiatorenschulen wohnen. Zwar hatten sie regelmäßig zum Dienst zu erscheinen; im übrigen aber konnten sie sich frei bewegen. Viele von ihnen hatten sogar Frau und Kinder.

Trotzdem waren auch sie nicht zu beneiden. Denn am selben Tag, an dem sie ihren Dienstvertrag abschlossen, hatten sie sich der eisernen Disziplin ihres neuen Berufs bedingungslos zu unterwerfen. Den zeitweiligen Verlust der Freiheit mußten sie mit einem Schwur besiegeln, mit dem sie ihrem Dienstherrn vor amtlichen Zeugen das Recht einräumten, sie nach freiem Ermessen *„zu brennen, in Ketten zu legen, auszupeitschen oder mit dem Schwert zu töten."* Allerdings konnten Auctorati diesen Vertrag jederzeit wieder lösen, falls sie imstande waren, die vereinbarte Ablösesumme aufzubringen.

Gab es auch weibliche Gladiatoren?

Ja, die gab es! Je ausgefallener die Munera im Laufe der Zeit wurden, desto häufiger traten in den Arenen auch Gladiatorinnen auf. Die Römer nannten diese bewaffneten Frauen nach dem kriegerischen Frauenvolk der griechischen Sage: Amazonen.

An Mut, Geschicklichkeit und Ausdauer konnten es die Amazonen mit ihren männlichen Berufskollegen durchaus aufnehmen. Die Quellen berichten sogar von einer berühmten „essedaria": einer

Dieses Relief zweier Gladiatorinnen, heute im Britischen Museum London, stammt aus Kleinasien. Die Inschrift nennt die Namen der Kämpferinnen: Amazon (links) und Achillia.

Amazone, die von einem Streitwagen herab kämpfte. Auch gab es Munera, auf denen Gladiatoren und Amazonen gemeinsam auftraten.

Amazonenkämpfe waren in römischen Arenen zwar nicht die Regel, kamen aber keineswegs selten vor. Wir wissen das aus zeitgenössischen Abbildungen, vor allem aber von den überlieferten Protesten und Spöttereien irritierter Männer, die sich mit dieser für sie anstößigen Darbietung nicht abfinden konnten. Die große Mehrheit der Zuschauer indes beklatschte den Auftritt von Amazonen als besondere Attraktion. Als ein Vergnügen, das auch der für seinen schwarzen Humor berüchtigte und gefürchtete Kaiser Domitian (81 – 96 n. Chr.) teilte. Er ließ Amazonen mit Vorliebe bei Nacht, im geheimnisvollen Licht von Fackeln, kämpfen.

Erst im Jahre 200 n. Chr. verbot Kaiser Septimius Severus das Auftreten von Frauen in der Arena für immer. Während seiner Regierungszeit hatten Amazonenkämpfe derart überhand genommen, daß selbst dieser rohe Soldatenkaiser dem nicht länger tatenlos zusehen mochte.

Wo erlernten Gladiatoren ihr Handwerk?

Berufsgladiatoren erhielten ihre Ausbildung in besonderen Schulen. Bis zum Ende der Römischen Republik waren die Gründung und der Unterhalt solcher Schulen Privatsache von Liebhabern und Geschäftsleuten. Die erste, von der wir wissen, errichtete ein Unbekannter in Capua, das bis in die Spätzeit das Zentrum des römischen Gladiatorenwesens blieb. Weitere entstanden in Rom, Pompeji, Praeneste (heute: Palestrina) und anderenorts. Später, als das Gladiatorenwesen mehr und mehr in die Verfügungsgewalt der Kaiser überging, gelangten auch die führenden Trainingszentren des Landes in kaiserlichen Besitz und wurden fortan von kaiserlichen Beamten verwaltet.

Daneben bestanden private Gladiatorenschulen fort. Für deren Betreiber hatten die Römer ein eigenes, aus dem Etruskischen abgeleitetes Wort: Lanista. Der Lanista war eine Abart des Sklavenhändlers. Er kaufte entweder direkt im Kriegsgebiet oder aber auf dem einheimischen Sklavenmarkt junge Männer auf, unterrichtete sie im Waffenhandwerk und verkaufte oder vermietete sie dann weiter.

Manch ein Lanista betrieb daneben noch eine Art Gladiatoren-Wanderzirkus. Mit seinen Kampfsklaven zog er von Ort zu Ort und führte sie, wo sich eine Gelegenheit bot, auf privaten oder staatlichen Munera vor. Oder er veranstaltete Gladiatorenspiele auf eigene Rechnung und eigenes Risiko.

Weil gut ausgebildete Gladiatoren begehrt waren und entsprechend hohe Preise erzielten, konnte ein Lanista, der sein Geschäft verstand, schnell reich werden. Aber auch dann noch blieb sein gesellschaftliches Ansehen gering. Wie Bordellbesitzer oder Schauspieler durfte er niemals ein öffentliches Amt bekleiden.

Wie sah es in einer Gladiatorenschule aus?

Reste von Gladiatorenschulen hat man bisher in Pompeji und Rom ausgegraben. Die von Pompeji umfaßte an die hundert Räume, die um einen Innenhof herum angeordnet waren. Hier übten die Gladiatoren tagsüber. Untergebracht waren sie in kahlen Zellen, die nicht mehr als drei oder vier Meter im Quadrat maßen und keine Fenster hatten.

Die Ruinen der größten Gladiatorenschule, die bisher gefunden wurde, legten italienische Ausgräber in Rom frei. Diese sogenannte „Große Schule" besaß eine eigene, besonders geräumige Arena mit einer Loge für den Kaiser und mehrere umlaufende Bankreihen für seine Freunde und Gäste, für die es eine besondere Auszeichnung bedeutete, wenn sie den Übungsstunden der kaiserlichen Gladiatoren in Gegenwart des Herrschers beiwohnen durften. Im Kasernengebäude gab es getrennte Aufenthaltsräume für jede Waffengattung. Die „Große Schule" konnte mit ihren vielfältigen Einrichtungen bis zu 2000 Gladiatoren im Jahr ausbilden.

Zu jeder Gladiatorenschule gehörte auch ein Gefängnis. Das in Pompeji ausgegrabene war so niedrig, daß die dort Eingekerkerten darin nicht aufrecht stehen konnten. In dem Raum hat man auch eine eiserne Hand- oder Fußfessel gefunden – für 10 Mann! Vier zu Arrest Verurteilte lagen angekettet in diesem vergitterten Loch, als im Jahre 79 n. Chr. der benachbarte Vesuv ausbrach und die Stadt mitsamt ihren Einwohnern unter einer vier Meter hohen Schicht aus Asche, Bimsstein und Lava begrub.

Diese eiserne Arm- oder Fußfessel für 10 Gefangene fanden die Ausgräber in einem stickigen Kellerloch mit niedriger Decke, das in der Gladiatorenschule von Pompeji als Gefängnis diente.

Die am besten erhaltene römische Gladiatorenschule hat man in Pompeji ausgegraben (rechts oben). In ihrem von Säulenhallen umgebenen Innenhof übten die hier untergebrachten Gladiatoren mit ihren Fechtmeistern von morgens bis abends (vergleiche dazu das Bild auf der nächsten Seite). Unter den in den Trümmern gefundenen Waffen war auch der oben abgebildete prächtige Visierhelm.
Rechts unten: der Grundriß der „Großen Schule" in Rom, wo die kaiserlichen Gladiatoren eine eigene kleine Arena besaßen.

Gladiatorenschulen wie die von Pompeji und Rom waren Betriebe, die vielen Menschen Arbeit und Brot gaben. Neben den Fechtlehrern – meist ehemalige Gladiatoren – waren hier angestellt: Verwalter, Köche, Masseure, Ärzte, Waffenschmiede, Leichenbestatter und natürlich zahllose Aufseher und Wachmannschaften.

Wie wurden die Gladiatoren versorgt?

Wer Gladiatoren hielt, sei es aus Liebhaberei, sei es, um mit ihnen Geld zu verdienen, mußte vor allem darauf bedacht sein, daß seine Zöglinge in guter körperlicher Verfassung blieben. Deshalb, und nicht etwa aus Menschlichkeit, wurden sie einigermaßen pfleglich behandelt.

So errichtete man Gladiatorenschulen möglichst in Gegenden mit gesundem Klima, zum Beispiel in Meeresnähe oder im Gebirge, wo die Luft frisch und kühl war. Dort wachten erfahrene Heilkundige und Masseure über die Gesundheit der Insassen. Einer der berühmtesten Ärzte des Altertums, der Grieche Galen von Pergamon, hatte eine Zeitlang in seiner kleinasiatischen Heimat als Gladiatorenarzt gedient, ehe er im Jahre 169 n. Chr. zum Leibarzt des Kaisers Marc Aurel aufstieg.

Besonderen Wert legten die medizinischen Betreuer auf die richtige Ernährung ihrer Schützlinge. Vor allem Gerste galt ihnen als besonders muskelbildend. Deshalb verspotteten Lästerzungen die Gladiatoren, die zuweilen mit Gerste regelrecht vollgestopft wurden, auch als „Gerstenfresser".

Trainingsstunde in einer Gladiatorenschule. Anfänger mußten, unter Aufsicht, zuerst an einem Pfahl üben (hinten rechts). Später kämpfte man dann mit stumpfen Waffen gegeneinander, und erst danach wurde unter den Bedingungen der Arena trainiert.

Wie verlief die Ausbildung in einer Gladiatorenschule?

Ein Neuling, der im Gebrauch der Waffen noch unerfahren war, mußte dort zuerst an einem Holzpfahl oder einer Strohpuppe üben. Erst wenn er die vorgeschriebenen Ausfälle und Stöße halbwegs beherrschte, stellte man ihm einen erfahrenen Trainingspartner gegenüber. Von ihm lernte er, wie man sich mit dem Schild oder der gepanzerten Armschiene deckt, wie man Angriffe des Gegners pariert und wie man einer plötzlichen Attacke geschickt ausweicht. Übungskämpfe dieser Art bestritten beide, Schüler wie Lehrer, zunächst nur mit Stöcken oder mit Waffen aus Hartholz.

Dann aber wurde es ernst. Was der angehende Gladiator bisher eher spielerisch gelernt hatte, mußte er nun mit scharfen Waffen unter Beweis stellen. Dabei belasteten die Fechtmeister ihre Zöglinge bewußt bis an die Grenze ihrer Leistungsfähigkeit, indem sie sie mit überschweren Waffen kämpfen ließen. Solche Waffen hat man in der Gladiatorenschule von Pompeji gefunden.

Während der Ausbildung achteten die Verantwortlichen auf strenge Disziplin. So durfte ein guter Gladiator keine Miene verziehen, wenn der Gegner die Waffe gegen sein Gesicht schwang. Selbst kleinste Verfehlungen wurden unnachsichtig bestraft: durch Auspeitschen, verschärften Arrest oder, in schwereren Fällen, durch Brennen mit glühenden Eisen – ein Terror, den viele auf Dauer nicht ertragen konnten.

Wie ertrugen die Gladiatoren ihr Leben in den Schulen?

Die meisten erduldeten zähneknirschend, was sie ja doch nicht ändern konnten. Eine Minderheit aber ließ sich immer wieder zu Verzweiflungstaten hinreißen. Darunter war Selbstmord die häufigste. Die Lehrer und Aufseher in den Gladiatorenschulen wußten das und achteten deshalb darauf, daß während der Übungen niemand die Waffen gegen sich selbst richtete. Außerhalb der Dienstzeit war der Besitz von Messern und anderen scharfen Gegenständen verboten. Wer gegen dieses Verbot verstieß, mußte mit schweren Strafen rechnen.

Trotzdem fanden Verzweifelte immer wieder Gelegenheit, sich selbst zu töten. So hören wir von einem Gladiator, der in seiner Not den Kopf zwischen die Speichen eines rollenden Wagens steckte. Ein anderer rammte sich ein spitzes Holz in die Kehle. Und wieder andere kämpften in der Arena „ohne Haß", was bedeutete, daß sie sich einfach niederstechen ließen.

Seltener berichten die Quellen von Aufruhr und Flucht. Berühmt geworden ist vor allem der sogenannte „Aufstand des Spartacus", der im Jahre 73 v. Chr. begann und die Römer drei Jahre lang in Atem hielt. Er hatte zur Folge, daß die Gladiatorenschulen von nun an noch schärfer bewacht wurden als vorher.

Dennoch riß die Reihe der Meutereien niemals ganz ab. So empörten sich im Jahre 64 n. Chr. die Gladiatoren der Schule von Praeneste gegen ihre Peiniger. Ohne nennenswerten Erfolg, denn die in der Stadt stationierten Truppen stellten die Ordnung augenblicklich wieder her. Ein ähnlicher Zwischenfall ereignete sich in der Regierungszeit des Kaisers Probus (276–282 n. Chr.), diesmal in der Hauptstadt Rom. 80 Gladiatoren, so heißt es, hätten damals ihre Aufseher ermordet und sich aus der Stadt geschlichen. Sie kamen nicht weit. Schon kurz hinter den Stadtmauern wurden sie von der Leibgarde des Kaisers eingeholt und bis auf den letzten Mann niedergehauen. Ein vergleichsweise gnädiger Tod, denn wer auf der Flucht lebend gefangen wurde, endete in der Regel am Kreuz.

Im Jahre 73 v. Chr. gelang einer Gruppe von Gladiatoren unter Führung des Thrakers Spartacus der Ausbruch aus ihrer Kaserne in Capua. Es war der Anfang eines Krieges, der die Römer das Fürchten lehrte.

Wie verlief der Aufstand des Spartacus?

Spartacus, ein Thraker aus dem Süden des heutigen Rumänien, war als Fahnenflüchtiger und Rebell gegen die römische Besatzungsmacht in den heimatlichen Bergen gefangengenommen, versklavt und als Gladiator nach Capua verkauft worden. Dort gelang ihm im Spätsommer des Jahres 73 v. Chr. zusammen mit 70 Leidensgefährten die Flucht aus der berühmten Fechterschule des Cornelius Lentulus Batiatus.

Weil den Ausbrechern im Laufe der Zeit Zigtausende von Feld- und Hirtensklaven zuliefen, die Spartacus zu einer regelrechten Armee zusammenzuschweißen wußte, zog der Aufruhr alsbald die ganze italienische Halbinsel in Mitleidenschaft. Ein Krieg entbrannte, der drei Jahre lang unentschieden hin- und herwogte und in dem Spartacus mit seinem Sklavenheer insgesamt neunmal das Wunder fertigbrachte, weit überlegene römische Armeen entweder durch List oder in offener Feldschlacht zu besiegen.

Am Ende mußten die bedrängten und gedemütigten Römer nicht weniger als zehn Legionen, das sind 40 000 bis 50 000 Mann, aufbieten, um die Ordnung wieder herzustellen. Erst im Frühjahr des Jahres 71 v. Chr. gelang es dem neuen Oberkommandierenden der römischen Truppen, Publius Licinius Crassus, die Rebellen nördlich von Brindisi zu stellen und zur Entscheidungsschlacht zu zwingen.

In dieser Schlacht setzte Spartacus alles auf eine Karte, indem er mit einigen Getreuen versuchte, zu Crassus durchzudringen, um ihn vor den Augen seiner Soldaten eigenhändig zu erschlagen. Doch dieser tollkühne Plan scheiterte, als ihn der Speer eines Legionärs ins Bein traf. Kniend kämpfte er weiter, *„bis er"*, so der griechische Geschichtsschreiber Appian (um 100–170 n. Chr.) *„und um ihn herum eine große Menge der Seinigen von den Feinden umringt und getötet wurde. Das übrige Heer aber, das schon in Unordnung geraten war, wurde scharenweise niedergehauen, so daß eine unzählige Menge, von den Römern aber nur 1000 Mann, umkamen und der Leichnam des Spartacus nicht gefunden werden konnte."*

60 000 Aufständische sollen in der Schlacht gefallen sein. An den Überlebenden nahmen die Römer grausam Rache. Die Legionäre nagelten 6000 Gladiatoren und Sklaven längs der Via Appia zwischen Capua und Rom ans Kreuz, zur Warnung für alle, die es noch einmal wagen sollten, sich der römischen Ordnung zu widersetzen.

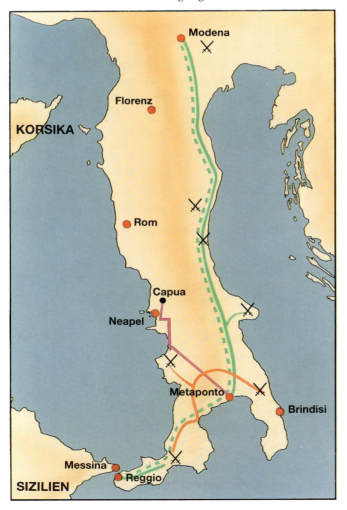

Der Aufstand des Spartacus (73–71 v. Chr.).
Rot: die ersten Operationen im Jahre 73 v. Chr.
Grün: das Jahr 72 v. Chr., das Jahr der Triumphe.
Gelb: Flucht und Untergang im Jahre 71 v. Chr.

Nach dem Tod des Spartacus in der Entscheidungsschlacht nordwestlich von Brindisi, in der das Heer der Aufständischen eine vernichtende Niederlage erlitt, nahmen die Römer an den Überlebenden schreckliche Rache: 6000 gefangene Gladiatoren und Sklaven wurden entlang der Via Appia von den erbitterten Legionären ans Kreuz genagelt.

Welche Rechte besaßen die Gladiatoren vor dem Gesetz?

Zusammen mit Schauspielern, ausgestoßenen Soldaten, kleinen Ganoven, Prostituierten und anderen gehörten Gladiatoren zu den sogenannten „inhonesti", den Ehrlosen, und als solche zum Bodensatz der römischen Klassengesellschaft. Vor dem Gesetz waren sie Menschen zweiter Klasse. Weder durften sie ein öffentliches Amt bekleiden noch Anklage vor einem Strafgericht erheben. Und nur in Ausnahmefällen war es ihnen gestattet, vor einem Zivilgericht aufzutreten.

Gladiatoren, die gefallen oder an einer Krankheit gestorben waren, wurden ohne weitere Umstände in einem Massengrab beigesetzt. Es sei denn, daß ihre Angehörigen, zum Beispiel die Ehefrau oder ihr Eigentümer oder ein Bewunderer ihrer Fechtkunst, ein ehrenvolles Begräbnis ausdrücklich verlangten und auch bezahlten.

Aber auch dann noch konnte es Schwierigkeiten geben. Aus einer Inschrift, die Ausgräber im mittelitalienischen Sarsina (heute: Mercato Saraceno) fanden, wissen wir, daß von der Beisetzung auf dem neu angelegten Gemeindefriedhof dreierlei Menschengruppen ausgenommen waren: Selbstmörder, die sich erhängt hatten, Prostituierte und Gladiatoren.

Welches öffentliche Ansehen hatten Gladiatoren?

Einerseits galt, wie wir gesehen haben, das Handwerk des Gladiators als unehrenhaft. Andererseits aber waren dieselben Männer, die wie Aussätzige am Rande der Gesellschaft leben mußten, für eben diese Gesellschaft bewunderte und vielbeachtete Stars. In allen Schichten bis hinauf in die allerhöchsten Kreise sprach man respektvoll von ihrer außergewöhnlichen Tapferkeit und Todesverachtung. Das waren echt römische Ideale. Und so bedeutete die Feststellung, jemand sei „wie ein Gladiator" gestorben, in römischen Ohren höchstes Lob und uneingeschränkte Anerkennung. „*Gladiatoren: das meint den Auswurf der Gesellschaft oder Barbaren*" (gemeint: Nichtrömer), schrieb der berühmte Redner, Gelehrte, Philosoph und Staatsmann Marcus Tullius Cicero (106–43 v. Chr.) in einem vielgelesenen Buch. „*Doch was für Schläge halten sie aus! Lieber wollen sie von einem Streich getroffen werden, als ihm regelwidrig auszuweichen. Welcher auch nur mittelmäßige Gladiator würde etwa stöhnen oder das Gesicht verziehen, welcher sich im Kampfe feige zeigen? Und wenn er dann stürzt und man ihn zum Tode bestimmt – welcher würde wohl den Hals einziehen? Das alles bewirkt Übung, Selbstbeherrschung und Gewöhnung.*"

Das Amphitheater

Wo wurden Gladiatorenkämpfe ursprünglich ausgetragen?

Vor allem auf dem Forum – so hieß der von Tempeln und öffentlichen Gebäuden umstandene Platz im Zentrum römischer Städte. Daneben wurden Munera aber auch auf Märkten gegeben oder, wo der Raum im Stadtinneren nicht ausreichte, auf einer Freifläche außerhalb der Mauern.

Als Veranstaltungsort von Gladiatorenkämpfen hatten alle Plätze jedoch einen entscheidenden Nachteil: Zuschauer, die weiter hinten standen, konnten kaum etwas sehen. Deshalb gingen, als der Andrang zu den Munera im Laufe der Zeit immer größer wurde, die Veranstalter dazu über, am Rande des Kampfplatzes hölzerne Tribünen zu errichten, die nach dem Ende der Kämpfe leicht wieder abgebaut werden konnten. Allerdings waren, wie die Erfahrung zeigte, Holzkonstruktionen dieser Art nicht ungefährlich. Immer wieder kam es zu kleineren oder größeren Zwischenfällen, bis sich im Jahre 27 n. Chr. in Fidenae, einer Landstadt nordöstlich von Rom, eine Katastrophe ereignete. „*Das Unglück*", so berichtet der römische Geschichtsschreiber Publius Cornelius Tacitus (um 55–120 n. Chr.), „*war nicht weniger furchtbar als eine verlorene Schlacht in einem großen Kriege. Alles war das Werk eines Augenblicks. Der überfüllte Bau ging aus den Fugen und stürzte teils in sich zusammen, teils rückwärts ins Freie. Dabei wurde eine ungeheure Menschenmenge in die Tiefe gerissen und begraben.*" 50 000 Personen sollen damals getötet oder verletzt worden sein.

Seitdem erlaubte die Regierung den Bau von Tribünen nur noch auf festem Untergrund. Und wer als Veranstalter auf Tribünen nicht verzichten wollte, mußte nachweisen, daß er für den Fall eines neuerlichen Unglücks über eine

In der Stadt Fidenae hatte ein gewissenloser Veranstalter die hölzernen Tribünen für ein Gladiatorenspiel so nachlässig errichten lassen, daß sie unter der Last der Zuschauer zusammenbrachen.

Entschädigungssumme von mindestens 400 000 Sesterzen (ungefähr 400 000 DM) verfügte.

Trotzdem kam es auch später immer wieder zu tödlichen Zwischenfällen. Deshalb – aber auch, um den immer bedrohlicher werdenden Ansturm auf die Munera überhaupt bewältigen zu können – entwickelten römische Architekten seit Beginn des 1. Jahrhunderts v. Chr. einen neuartigen Veranstaltungsort für Munera: das Amphitheater.

Was ist ein Amphitheater?

Als Amphitheater bezeichneten die Römer jene charakteristischen Zweckbauten, die unbekannte Baumeister im Laufe des 1. Jahrhunderts v. Chr. speziell für den Gladiatorenkampf erfanden. Es sind Anlagen, die aus der Luft wie riesige Schüsseln mit flachem Boden aussehen.

Herzstück eines jeden Amphitheaters war ein weitläufiger ovaler Sandplatz in der Mitte: die Arena. Hier, unter freiem Himmel (denn ein Amphitheater hatte kein festes Dach), trugen die Gladiatoren ihre Kämpfe aus. Hier wurden, unter dem Beifall der Menge, Verbrecher hingerichtet. Hier verbluteten im Speer- oder Pfeilhagel Elefanten, Nashörner, Giraffen, Strauße und andere exotische Tiere. Hier alberten in den Pausen Clowns und Liliputaner, um die Leute in Stimmung zu halten.

Dieses Luftbild des Amphitheaters von Verona zeigt den typischen Aufbau eines solchen Bauwerks: in der Mitte den ovalen Kampfplatz, die Arena, mit zwei gegenüberliegenden Zugängen, ringsum die ansteigenden Sitzreihen. Das Amphitheater von Verona entstand im 1. Jahrhundert n. Chr. und faßte 25 000 Menschen.

Die Keller unter dem großen Amphitheater von Pozzuoli am Golf von Neapel. In diesem weitläufigen Labyrinth warteten zuweilen Hunderte von wilden Tieren auf ihren Auftritt in der Arena.

Anders als im Theater, wo man der Bühne gegenüber sitzt, konnte das Volk im Amphitheater die Darbietungen von jeder gewünschten Seite aus betrachten – deshalb die Bezeichnung „amphi" = ringsum. Dabei boten alle, auch die weit zurückliegenden Plätze, freie Sicht. Denn die im Oval umlaufenden Zuschauerbänke stiegen vom Rande der Arena trichterförmig aufwärts und bildeten so einen riesigen Treppenring, auf dem sich das Publikum ausnahm wie ein wogendes Weizenfeld.

Ursprünglich waren Amphitheater nicht unterkellert. Später aber legten die römischen Baumeister unterhalb der Arena ein Labyrinth von Räumen an, in denen alles untergebracht wurde, was man für ein Gladiatorenspiel brauchte: Kulissen, Bühnenmaschinen, Waffen und Vorräte aller Art. Auch gab es dort unten Aufenthaltsräume für die auf den Kampf wartenden Gladiatoren, Gefängniszellen für die zum Tode in der Arena verurteilten Verbrecher, Käfige für die Tiere, Leichenkammern für die Gefallenen und vieles andere mehr.

Der Gebäudetyp des Amphitheaters wurde nicht, wie man etwa denken möchte, in der Hauptstadt Rom, sondern fernab in der Provinz entwickelt: in Pompeji, Capua, Pozzuoli, Paestum und Sutri; aber auch im spanischen Merida und im deutschen Xanten. Alle diese frühen Bauwerke waren reine Zweckbauten, ganz nach innen gerichtet, fast ohne Schmuck nach außen.

Wo entstanden die ersten Amphitheater?

Das älteste bekannte Amphitheater ist das von Pompeji. Es entstand bald nach 80 v. Chr., war 136 m lang, 104 m breit und steckte zur Hälfte in der Erde. Die Zuschauer betraten es von oben, über eine umlaufende Rampe, zu der von außen vier Treppen hinaufführten. Mit seinen 35 Bankreihen konnte es annähernd 20 000 Menschen fassen. Auch besaß es bereits ein sogenanntes „velum" – so hieß bei den Römern das ringförmige Sonnendach der Amphitheater, das aus festem Stoff bestand, an hölzernen Masten aufgezogen wurde und nach den Worten des zeitgenössischen Dichters Lucretius Carus die darunter sitzenden Zuschauer *„dem Tageslicht entriß und mit Heiterkeit übergoß."*

Während so in den Provinzen die Entwicklung voranschritt, begnügte man sich in Rom noch bis gegen Ende des 1. Jahrhunderts n. Chr. mit Amphitheatern aus Holz. Alle diese Provisorien brannten nieder oder wurden schon bald wieder abgerissen. Über ihre Größe, Konstruktion und Ausstattung wissen wir nicht allzuviel.

Das Amphitheater von Pompeji, das vermutlich älteste Bauwerk dieser Art in Italien. Man betrat es von oben, über eine umlaufende Rampe, zu der vier Treppen hinaufführten. Während der Vorstellungen konnten die Zuschauerränge durch ein riesiges Sonnensegel beschattet werden. Dieses sogenannte „velum" hing an einer Konstruktion aus senkrechten Masten und waagerechten Rahen (rechts), zwischen denen, wie die Zeichnung zeigt, Stoffbahnen vor- und zurückgezogen wurden.

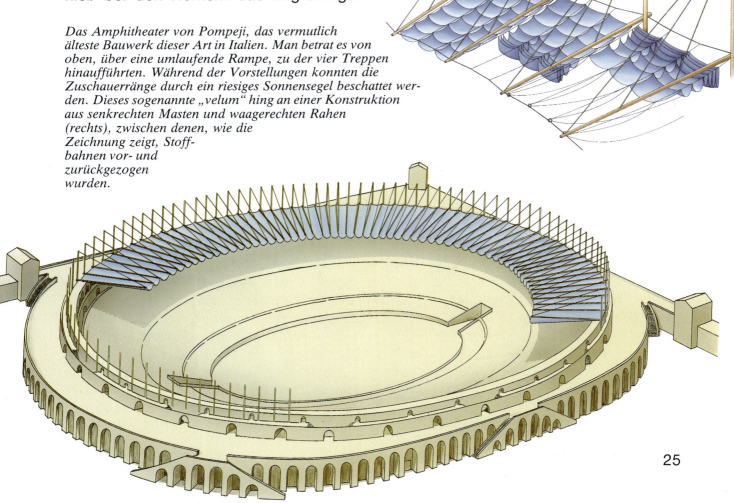

*Ursprünglich war das „Flavische Amphitheater" in Rom mit Marmorstatuen reich geschmückt. Seine Mauerkrone überragten hölzerne Masten, an denen Matrosen das riesige Sonnensegel aufzogen. Links im Bild die **Kolossalstatue des Sonnengottes Sol**, die dem Bauwerk später seinen Namen eintrug: **Kolosseum**.*

Welches Amphitheater ist das berühmteste?

Das berühmteste Amphitheater der Welt ist das sogenannte „Flavische Amphitheater" in Rom. Es war das erste, das man in der Hauptstadt ganz aus Stein errichtete, und wurde auf Anhieb das großartigste, das die Welt je gesehen hat.

Der offizielle Name „Flavisches Amphitheater" erinnert an die drei kaiserlichen Bauherren, die alle aus dem Geschlecht der Flavier stammten. Vespasian, der Begründer der Dynastie, nahm das ehrgeizige Werk in Angriff. Sein Sohn Titus übergab es im Jahre 80 n. Chr. mit einem glanzvollen Fest der Öffentlichkeit. Vollendet aber wurde der grandiose Bau erst unter dessen Bruder und Nachfolger Domitian, dem letzten Flavier.

Unweit der riesigen Baustelle stand damals eine weltberühmte Sehenswürdigkeit: die mehr als 35 m hohe Statue Kaiser Neros, die nach dem Sturz und Selbstmord des Tyrannen auf Befehl seines Nachfolgers Vespasian in ein Standbild des Sonnengottes Sol umgewandelt wurde. Diese *kolossale* Figur war es, die dem „Flavischen Amphitheater" später seinen volkstümlichen Namen gab: Kolosseum.

Man hat gesagt, vom Kolosseum könne man nur in Superlativen reden. Das ist nicht übertrieben, denn an diesem Bauwerk ist beinahe alles außergewöhnlich: seine Größe, seine Schönheit, seine kühne Konstruktion, das genial erdachte System der Gänge, Treppen und Hallen, und manches andere mehr. Wie die unbekannten Baumeister hier aus den verstreuten Ideen und Anregungen, die sie vorfanden, mit einem Schlage etwas noch nie Dagewesenes schufen, das gehört zu den ganz großen Leistungen der Bau- und Ingenieurkunst.

Wie groß war das Kolosseum?

Nach dem Vorbild der bereits bestehenden Amphitheater in den Provinzen wurde auch das Kolosseum über einem ovalen Grundriß errichtet. Seine Ausmaße waren für die damalige Zeit gewaltig. Die Länge betrug 189 m, die Breite 156 m, die Höhe über vier Geschosse 57 m und der Umfang 527 m.

Der Innenraum bot 50 000 Menschen Platz. Diese riesige Menschenmenge erreichte ihre Plätze durch 76 der insgesamt 80 Bögen des Untergeschosses. Von jedem dieser numerierten Eingänge führte ein ausgeklügeltes System von Gängen und Treppen den Besucher direkt zu seinem Platz, und zwar so, daß er auf seinem Wege dorthin von Besuchern, die das Kolosseum durch einen

Das Kolosseum heute: ein riesiger Steinbruch, überschwemmt von Touristen und umbrandet vom Motorenlärm des Großstadtverkehrs. In der einstigen Arena ragt jetzt ein riesiges Holzkreuz in den Himmel, zur Erinnerung an die frühen Christen, die hier einen meist qualvollen Märtyrertod sterben mußten.

anderen Eingang betreten hatten, nicht behindert wurde. Auf diese Weise konnte ein nach Zehntausenden zählendes Publikum seine Plätze in wenigen Minuten erreichen oder verlassen.

Von den vier nichtöffentlichen Eingängen führten zwei zu den Logen des Kaisers und seiner Gäste. Die beiden restlichen waren für den festlichen Einmarsch der Gladiatoren vorgesehen.

Eindrucksvoll war auch die Arena. Sie war 86 m lang und 54 m breit. Ihr Fußboden bestand unter dem Sand aus Brettern und hölzernen Klappen, die sich über Teilen des Kellergeschosses öffnen und schließen ließen. So konnten die Menschen und Tiere auf kürzestem Wege die Arena sehr schnell erreichen. Die Mauerkrone des Kolosseums überragten 240 hölzerne Masten, an denen vermittels Rahen ein riesiges ringförmiges Velumdach aufgezogen werden konnte. Die damit verbundene komplizierte Arbeit des Segelsetzens und -reffens besorgten Offiziere und Matrosen der im Golf von Neapel stationierten Kriegsflotte. Wie wir aus zeitgenössischen Schilderungen wissen, gab es verschiedenfarbige Velumdächer: gelbe, himmelblaue, rote, rostrote und purpurfarbene. Sie tauchten die Zuschauerränge in ein geheimnisvolles warmes Dämmerlicht, während drunten die Arena im hellen Sonnenschein dalag.

Der Innenraum des Kolosseums während einer Tierhetze. Dafür hat man die Arena in eine Landschaft verwandelt. Links und rechts vorn: die Logen des Kaisers und seiner Gäste. Die Sitzreihen in unmittelbarer Nähe der Arena waren den Adeligen und den Reichen vorbehalten. Die Frauen hatten ihre Plätze im obersten Rang. Dahinter, im Säulengang, befanden sich die billigen Stehplätze.

Welche Folgen hatte der Bau des Kolosseums?

Gleich nach seiner Einweihung im Jahre 80 n. Chr. löste das Kolosseum allgemeines Staunen und Begeisterung aus. Ein ungeheurer Bauboom im ganzen Römischen Reich war die Folge. In nur wenigen Jahrzehnten entstanden auf der italienischen Halbinsel, aber auch in den europäischen und überseeischen Provinzen des Imperiums (in Frankreich, Deutschland, Spanien, Nordafrika, auf dem Balkan, in Kleinasien, Syrien, Palästina und sogar in Mesopotamien) Amphitheater, die alle den Wunderbau des Kolosseums in der Hauptstadt zum Vorbild hatten.

Noch heute stehen Fachleute und Touristen bewundernd vor den gewaltigen Ruinen jener Bauwerke, von denen einige eindrucksvoll erhalten blieben, so in Verona (Norditalien), Arles und Nîmes (Südfrankreich), Pula (Jugoslawien) und El Dschem (Tunesien) – um nur die bemerkenswertesten zu nennen.

Oben: Das Amphitheater von Pula in Jugoslawien entstand gegen Ende des 1. Jahrhunderts n. Chr. und wurde direkt am Ufer der Adria errichtet.

Mitte: Auch in den Provinzen bauten die Römer ihre Amphitheater wie hier, um 80 n. Chr., in Nîmes (Südfrankreich). Es blieb besonders gut erhalten.

Unten: Das Amphitheater von Arles (Südfrankreich), gebaut um 80 n. Chr., liegt inmitten des Häusermeers – ein Wahrzeichen der Stadt.

Kampf und Tod in der Arena

Wie wurde für Gladiatorenspiele geworben?

Gladiatorenspiele wurden nicht nur vor Ort, sondern auch in der näheren Umgebung öffentlich angekündigt. Den Auftrag dazu gab der Veranstalter gewöhnlich an eine erfahrene Werbefirma. Die begann ihren Werbefeldzug mit einem kurzen und griffigen Werbetext, den sie von dafür ausgebildeten Reklamemalern mit großen, meist roten Buchstaben entlang der Hauptstraßen und vor den Stadttoren an Häuserwände und Grabdenkmäler schreiben ließ.

Bei der Ausgrabung von Pompeji hat

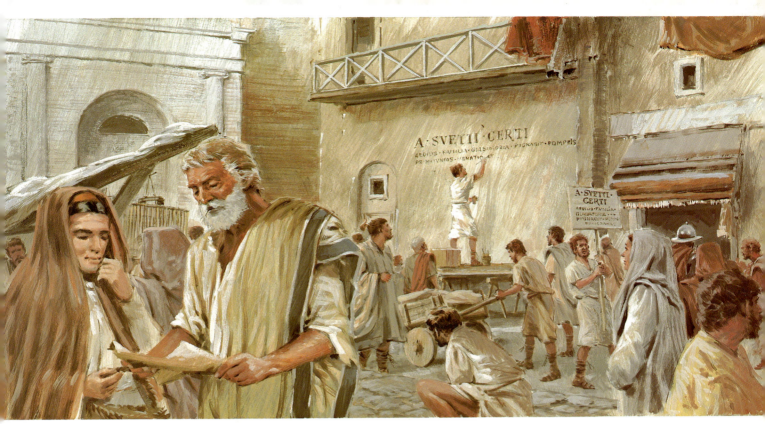

Für Gladiatorenspiele machten die Veranstalter ausgiebig Reklame: durch gemalte Werbesprüche an Hauswänden (Mitte), durch umhergetragene Schilder (rechts), durch Ausrufer und durch Handzettel (links).

man mehr als 80 solcher gemalten Vorankündigungen gefunden. Eine davon lautet so: „Am 31. Mai wird in Pompeji die Gladiatorentruppe des Aedilen Aulus Suettius Certus kämpfen. Es wird eine Tierhetze und Sonnensegel geben. Glück allen Kämpfern aus der Schule Kaiser Neros. – Dies schrieb Secundus; die Wand weißte Victor; geholfen hat Vesbinus; Firma (unleserlich)."

Häufig wurde dem Publikum darüber hinaus auch der Anlaß des Munus mitgeteilt oder die Zahl der antretenden Gladiatoren oder was sonst noch geboten wurde: ein festlicher Umzug etwa oder das Aussprengen von Wasser zur Erfrischung. Und manchmal fügte man alldem auch noch einen kessen „Anreißer" hinzu: die Behauptung etwa, die angesagte Fechtertruppe sei *„das Entzücken der ganzen Welt"*.

Sobald die Spiele dann näherrückten, verstärkte die Werbefirma ihre Reklame, indem sie Zettel mit dem vollständigen Veranstaltungsprogramm schreiben und verteilen ließ. Sklaven mußten Fahnen durch die Straßen tragen, auf denen weithin sichtbar die Namen aller Teilnehmer verzeichnet waren. Und weil ja der Großteil des erwarteten Publikums weder schreiben noch lesen konnte, wurden alle diese Bemühungen noch durch Marktschreier unterstützt, die das bevorstehende große Ereignis lauthals in Erinnerung riefen.

Allerletzte Werbemaßnahme war schließlich das festliche Gelage, das der Veranstalter seinen Gladiatoren am Vorabend der Spiele gab. Dazu hatte jeder freien Zutritt. So konnten Interessierte die Helden der Arena noch vor dem Kampf aus nächster Nähe in Augenschein nehmen, indem sie von Tisch zu Tisch schlenderten, und so hautnah miterleben, wie diese entweder lärmten, sangen und Witze rissen oder aber in sich gekehrt dasaßen, sich betranken und mitunter sogar weinten.

Die „pompa" – der festliche Einzug der Gladiatoren. Hinter den Fanfarenbläsern: der Veranstalter in seiner Sänfte, gefolgt von den Kämpfern in prächtigen Kostümen und Sklaven, die die Waffen trugen. Den Schluß des Zuges bildeten die Reiter und eine zweite Musikkapelle.

Wie wurde ein typisches Gladiatorenspiel eröffnet?

Die meisten Gladiatorenspiele begannen im Laufe des Vormittags. Zur Eröffnung hatten alle Zuschauer in Festtagskleidung zu erscheinen. Wie die Garderobe, so war auch die Verteilung der Plätze streng geregelt. Vorn saßen der Adel, die Vornehmen und die Reichen, in der Mitte das gewöhnliche Volk und ganz hinten und oben – so hatte es Kaiser Augustus angeordnet – die Frauen.

Eröffnet wurde jedes größere Munus mit einer „pompa": dem feierlichen Ein- und Umzug der Teilnehmer. Angeführt von Fanfarenbläsern und dem Veranstalter in seiner Sänfte marschierten die Gladiatoren unter dem aufbrandenden Beifall der Zuschauer durch das Hauptportal des Amphitheaters in die Arena ein. Alle waren mit prächtigen Gewändern angetan und wurden von Sklaven begleitet, die ihre Rüstungen und Waffen trugen. Beschlossen wurde die Pompa von einem weiteren Musikzug und den von Stallknechten geführten Pferden der Berittenen, sofern Kämpfe zu Pferde auf dem Programm standen.

Kampf zweier Paegnarier. Teil eines Fußbodenmosaiks, das man bei Nennig an der Mosel in den Ruinen einer römischen Villa gefunden hat.

Sobald die Pompa das Amphitheater wieder verlassen hatte, hieß es „Arena frei" für das eigentliche Wettkampfprogramm. Eröffnet wurde dieses Programm gewöhnlich von den sogenannten „Paegnariern" – so hießen die Männer, die, abgesehen von Bandagen, ungeschützt mit Peitschen und Knüppeln, zuweilen auch mit eisernen Haken aufeinander losgingen. Bei Duellen dieser Art floß nur selten Blut. Deshalb waren die Paegnarier bei den Zuschauern auch nicht sonderlich beliebt. Ebensowenig, wie die anschließende Nummer: die „Lusorier". Zwar waren diese wie richtige Gladiatoren gerüstet und fochten auch wie richtige Gladiatoren, jedoch, wie zu Beginn ihrer Ausbildung, mit hölzernen oder bestenfalls stumpfen Waffen. Die Zuschauer mußten sich also gedulden. Denn erst wenn das Vorprogramm beendet war, kündigte der düstere Ton der Kriegstrompeten dem ungeduldig wartenden Publikum die eigentliche Attraktion der Spiele an: die Kämpfe auf Leben und Tod.

> **Worin bestand das Vorprogramm eines Munus?**

Wie wir gesehen haben, waren die ersten Gladiatoren Kriegsgefangene. Zum „Kampf an der Bahre" traten sie jeweils in der Rüstung und mit den Waffen ihres Volkes an. Dabei war ihre Ausstattung in den allermeisten Fällen zweckmäßig und unauffällig. Doch gab es Ausnahmen von dieser Regel. So boten zum Beispiel die Krieger der Samniten, eines Volkes, das die Römer erst nach jahrzehntelangen Kämpfen hatten unterwerfen können, in ihren schimmernden Helmen, Brustpanzern und Beinschienen, mit ihren reichver-

> **In welcher Ausrüstung kämpften die Gladiatoren?**

*Gladiatoren I: **Samnit** (rechts) gegen **Thraker**. Der Samnit war der prächtigste aller Gladiatoren. Seine reichverzierte Rüstung bestand aus einem offenen Helm mit Wangenklappen, Busch und Federn, einer Brustplatte aus Metall, Panzerhandschuh am Schwertarm, einer oder zwei Beinschienen und einem großen, ovalen oder rechteckigen Schild. Seine Angriffswaffe war das gerade Schwert, selten die Lanze. Zu Beginn der Kaiserzeit verschwand der Samnit aus den Arenen. Sein Nachfolger wurde der noch prächtigere Hoplomachus (vergleiche dazu die Abbildung auf Seite 32). Im Gegensatz zum Samniten trug der Thraker ursprünglich einen einfachen offenen Helm mit Wangenklappen, der allerdings im Laufe der Zeit immer prächtiger wurde (vergleiche zum Beispiel die Abbildung auf Seite 35, oben, 4. Figur von rechts). Charakteristisch für den Thraker sind der kleine runde Schild, die beiden Beinschienen und das kurze gebogene Schwert. Gelegentlich kämpfte er aber auch mit der Lanze.*

zierten Schilden und wippenden Federbüschen einen ungemein malerischen Anblick.

Verständlicherweise waren solche „Paradiesvögel" unter den Gefangenen, wenn sie in Munera auftraten, bei den Zuschauern besonders beliebt. Die Veranstalter aber trugen dieser Vorliebe ihres Publikums dadurch Rechnung, daß sie besonders ansehnliche Rüstungen und Waffen sammelten, aufbewahrten und sooft wie möglich wiederverwendeten. Auf diese Weise entstanden im Laufe der Zeit die ersten Gladiatoren-Typen, wie wir sie aus Büchern und Filmen kennen. Standardtypen, die nicht nur die angestammte Bewaffnung der betreffenden Völker bewahrten, sondern auch ihren Namen, der sonst vielleicht in Vergessenheit geraten wäre: „Samniten" zum Beispiel, oder „Gallier" oder „Thraker".

Die hier genannten „Mustergladiatoren" wurden später durch immer neue Entwicklungen, Erfindungen und Moden ergänzt. Schließlich, auf dem Höhepunkt des römischen Gladiatorenwesens, gab es kaum noch eine Rüstung oder Uniform, die nicht auf einem Munus vorgeführt, kaum eine Waffe, mit der dort nicht gekämpft worden wäre.

Dennoch haben alle diese Neuerungen den traditionellen Gladiatoren-Typen niemals den Rang ablaufen, sie niemals verdrängen können. Im Gegenteil, ihre Erscheinung prägte, wenngleich mitunter leicht abgewandelt, das Bild des Gladiatorenkampfes bis zum Ende der Munera. Sechs von ihnen, die häufigsten, sind auf den Seiten 31–33 abgebildet und beschrieben: Samnit, Hoplomachus, Secutor, Murmillo, Thraker und Retiarier. Weitere, seltenere, wurden in einem Kasten zusammengestellt und kurz erläutert.

*Gladiatoren II: **Hoplomachus** (links) gegen **Murmillo**. Der Hoplomachus war eine Weiterentwicklung des Samniten, den er in der Kaiserzeit ersetzte. Seine Ausrüstung: prächtiger Visierhelm, eine Beinschiene, großer rechteckiger Schild, Kurzschwert. Über den barfuß kämpfenden Murmillo sind die Zeugnisse lückenhaft. Seine (vermutliche) Ausrüstung: Helm mit einem Fisch als Verzierung, keine Beinschienen, großer ovaler Schild, langes, gerades Schwert.*

*Gladiatoren III: **Retiarier** (rechts) gegen **Secutor**. Der leichtfüßige Retiarier schützte seinen Körper nur durch einen Armpanzer mit festem Schulterschild (lateinisch: galerus), hinter dem er notfalls den Kopf verbergen konnte. Seine Angriffswaffen waren das Wurfnetz, der Dreizack und ein langer Dolch. Der Secutor war nichts anderes als ein auf den Kampf mit dem Retiarier spezialisierter Hoplomachus. Um dem Netz seines Gegners aber keinen Angriffspunkt zu bieten, trug er — anders als der gewöhnliche Hoplomachus — keinen ausladenden, sondern einen enganliegenden glatten Helm.*

Weitere Gladiatoren-Typen:

ANDABATES: Gladiator, der in geschlossenem Helm ohne Augenlöcher, also blind, gegen einen anderen Andabates antreten mußte. Über Sieg oder Niederlage entschieden unter diesen Umständen sein Gehör, sein Gespür für die Reaktionen des Publikums und — der Zufall. Seine genaue Bewaffnung ist nicht überliefert.

DIMACHAERUS: Gladiator, der mit zwei Dolchen kämpfte. Er trug ein gepolstertes Wams, Bandagen am Dolcharm und an den Beinen, zuweilen auch Beinschienen, aber keinen Helm.

EQUES: Berittener Gladiator. Seine Schutzwaffen waren ein flacher Helm mit Visier, ein leichter Brustpanzer unter kurzer Tunika, Bandagen am Waffenarm und ein kleiner runder Schild. Solange der Eques im Sattel saß, kämpfte er vor allem mit der Lanze, abgesessen aber auch mit dem Schwert.

ESSEDARIUS: Dieser Gladiator kämpfte von einem Streitwagen, den ein Wagenlenker führte. Er jagte seine Gegner vorzugsweise mit Fernwaffen, also mit Bogen und Speer. Im Nahkampf benutzte er aber auch das Schwert.

GALLIER: Gladiator, der weitgehend dem Murmillo glich (vergleiche dazu die Abbildung auf Seite 32).

LAQUEARIUS: Gladiator, der große Ähnlichkeit mit dem Retiarier hatte, den Gegner aber nicht mit dem Wurfnetz, sondern mit dem Lasso zu Fall brachte. Seine Angriffswaffen waren vermutlich die kurze Lanze und, in der Not, ein Dolch.

SAGITTARIUS: Gladiator, der aus der Entfernung mit dem Bogen kämpfte. Sonst ist über ihn nichts bekannt.

VELES: Gladiator, dessen Hauptwaffe die Lanze war. Gewöhnlich kämpfte er gegen seinesgleichen. Ob der Veles wirklich ein eigenständiger Gladiatoren-Typ war, ist ungewiß, denn auch andere Gladiatoren führten zuweilen die Lanze, so zum Beispiel der Samnit oder der Thraker.

Ausschnitt aus dem weltberühmten Gladiatoren-Mosaik von Zliten (Libyen, 1. Jahrhundert n. Chr.). Dargestellt sind verschiedene Szenen eines Gladiatorenspiels. Von links: die Büste des Veranstalters; das Orchester; dahinter die Totenbahre, auf der die Gefallenen hinausgetragen wurden; und Warten auf das Urteil.

Wie waren die Zweikämpfe auf Leben und Tod geregelt?

Wo immer das möglich war, wählte man die Gegner in einem Duell auf Leben und Tod so aus, daß sie nach Körpergröße, Körperkraft und Geschicklichkeit einander ebenbürtig waren. Infolgedessen konnte der Kampf zwischen ihnen lange unentschieden hin und her wogen. In einem solchen Falle hatte der Veranstalter das Recht, den Kampf nach einiger Zeit unentschieden abzubrechen. Das Urteil lautete dann für beide Gegner: „stans missus", zu deutsch: „aufrecht stehend entlassen".
Entscheidungen dieser Art waren nicht selten. So berichtet zum Beispiel die Inschrift auf dem Grabstein des syrischen

Ausgang eines Gladiatorenkampfes (II): Nachdem der gestürzte Gladiator seine Niederlage angezeigt hat, beendet der Schiedsrichter den Kampf.

Gladiators Flamma, dieser habe bis zu seinem Tode insgesamt 38 Kämpfe bestanden, davon neun (fast jeden vierten!) als „stans missus".
Obwohl ein Gladiator grundsätzlich die Chance hatte, Kämpfe auf Leben und Tod als „stans missus", also unentschieden, zu bestehen, endeten die meisten Kämpfe doch mit Sieg oder Niederlage. Und Sieg oder Niederlage –

Ausgang eines Gladiatorenkampfes (I): Ein erschöpfter, vielleicht verwundeter Gladiator streckt einen Finger in die Luft – das vereinbarte Zeichen, daß er sich geschlagen gibt.

Gladiatoren-Mosaik von Zliten (Fortsetzung). Die Darstellung zeigt, von links: Ein ins Bein getroffener Retiarier, der seinen Dreizack verloren hat und nur noch mit dem Dolch ficht, ergibt sich; zwei Hoplomachi im Nahkampf; und Abbruch eines Kampfes, nachdem ein Verletzter das Zeichen der Aufgabe gemacht hat.

das war es auch, was die Zuschauer erleben wollten. Sie, die ja gekommen waren, um Blut fließen zu sehen, betrachteten ein Munus erst dann als richtig spannend, wenn ein Gladiator getroffen wurde, taumelte oder gar zu Boden stürzte. Dann ging, wie Zeitgenossen berichten, ein Aufschrei durch die Menge: „Habet! Hoc habet!", zu deutsch: „Den hat's erwischt! Jetzt hat es ihn erwischt!".

Der Verletzte aber warf im Fallen die Waffen von sich und streckte, weithin sichtbar, einen Finger in die Luft: das Zeichen für die Bitte um Schonung. In diesem Augenblick trat der Schiedsrichter zwischen die Kämpfenden und beendete den Waffengang, indem er nach dem Schwertarm des Siegers griff und ihn bis zum Urteil festhielt.

Auch jetzt wieder lag es allein in der Vollmacht des Veranstalters, den Unterlegenen entweder zu begnadigen oder aber dem Tode preiszugeben. Doch von diesem Recht machten die meisten nur selten Gebrauch. Lieber überließen sie das Urteil den Zuschauern. Hielten die den Daumen der ausgestreckten Hand nach oben, dann bedeutete das: Er soll leben! Damit war aus dem Besiegten ein „missus" geworden: ein „in Gnaden Entlassener". Diener traten hinzu, hoben ihn auf und geleiteten ihn durch eine eigens dafür vorgesehene „Überlebenspforte" aus der Arena, wo ihn ein Arzt in Empfang nahm und versorgte.

In der Spätzeit der Römischen Republik und noch in den ersten Jahren der Kaiserzeit gab es immer wieder Veranstalter, die, um den blutigen Reiz der Munera auf die Spitze zu treiben, Spiele „ohne Begnadigung" ausrichteten. Diese besonders brutale Spielart des Gladiatorenkampfes wurde jedoch von Kaiser Augustus (30 v.–14 n. Chr.) verboten und blieb fortan eine seltene Ausnahme.

Ausgang eines Gladiatorenkampfes (III): Nach dem Abbruch des Kampfes hält der Schiedsrichter den Schwertarm des Siegers fest, bis die Zuschauer ihre Meinung kundgetan haben und der Veranstalter das Urteil gesprochen hat.

*Ausgang eines Gladiatorenkampfes (IV):
Unter Fanfarenklängen macht der (verdeckt stehende) Veranstalter mit der Hand die Segensgeste – der Unterlegene ist begnadigt.*

*Ausgang eines Gladiatorenkampfes (V):
Der Sieger vollstreckt an dem demütig vor ihm knieenden Besiegten das Todesurteil (Reliefausschnitt vom Grabmal eines Netzkämpfers).*

Links und rechts oben: Zwei Tafeln aus dem Gladiatoren-Mosaik der Villa Borghese in Rom (um 300 n. Chr.). Wie die Namen neben den Figuren zeigen, wurden hier wahre Begebenheiten dargestellt. Das hinzugefügte Zeichen θ, ein griechisches Th, bedeutet „gefallen". Cupido, Aurius, Astivus und Rodan fanden also den Tod.

Wie starb der im Kampf Unterlegene?

Wie wir gesehen haben, bedeutete das Daumenzeichen nach oben Begnadigung. Richtete die Menge den Daumen dagegen nach unten, dann hieß das: Er soll sterben! Es war dies eine Aufforderung an beide Kämpfer. Auf ein Zeichen des Veranstalters hin ließ sich der Besiegte, sofern er dazu noch imstande war, mit gefalteten Händen auf die Knie nieder und senkte in Demutsgeste den Nacken. Der Schiedsrichter aber gab im selben Augenblick den Arm des Siegers frei, der mit aller Kraft zuschlug oder -stach. Ohne einen Schmerzensschrei von sich zu geben, sank der tödlich Getroffene in den Staub der Arena.

Jetzt trat ein Diener in der düsteren Tracht des etruskischen Totengottes Charun an den Sterbenden heran: eine ferne Erinnerung an die etruskische Herkunft der Munera. Seine Aufgabe war es, den Tod des Besiegten festzustellen und ihm, wenn nötig, den Gnadenstoß zu versetzen. Dann hoben Sklaven den leblosen Körper auf die be-

Ausgang eines Gladiatorenkampfes (VI): Ein Retiarier, dem es gelungen ist, seinen Gegner, einen Secutor, mit dem Netz zu Fall zu bringen, ersticht diesen mit seiner Hauptwaffe: dem Dreizack.

reitstehende Bahre und trugen ihn durch die „Pforte der Libitina" (Libitina war die römische Göttin der Bestattung) hinaus in die Leichenkammer. Auf dem Wege dahin schritten neben der Bahre Diener in der Tracht des Gottes Merkur, der nach römischem Glauben die Verstorbenen in die Unterwelt geleitete. Unterdessen richteten Sklaven zu den Klängen einer Wasserorgel oder eines kleinen Orchesters den zerwühlten Kampfplatz wieder her, indem sie den Boden harkten und die Blutlachen mit frischem Sand bestreuten. Die nächsten Kämpfer betraten die Arena, die Vorstellung nahm ihren Lauf.

Wie wurde der Sieger belohnt?

Siegreiche Gladiatoren erhielten am Abend eines jeden Kampftages aus der Hand des Veranstalters und unter dem Beifall des Publikums den üblichen Siegespreis: einen Palmzweig oder, in den östlichen Provinzen des Reiches, einen Eichenkranz. Dazu kam in der Regel noch eine Geldprämie, die nach einem Erlaß des Kaisers Marc Aurel für einen Sklaven nicht mehr als ein Fünftel des Kaufpreises, für einen Freiwilligen nicht mehr als ein Viertel der vereinbarten Ablösesumme betragen durfte. Auf diese Weise konnte ein erfolgreicher Gladiator eine hübsche Summe beiseite legen und sich so auf

Ausgang eines Gladiatorenkampfes (VII): Ein Retiarier ist gestrauchelt. Blitzschnell ist sein Gegner, ein Secutor, über ihm und sticht zu.

den Tag vorbereiten, an dem er, wenn er Glück hatte, die Freiheit erhalten oder wiedererlangen würde.

Wie lange konnte ein Gladiator überleben?

Alles in allem war das Leben eines typischen Gladiators grausam kurz. Weitaus die meisten ereilte ihr Schicksal schon nach wenigen Kämpfen. Es kam jedoch auch vor, daß einer in zehn, zwanzig oder noch mehr Gefechten Sieger blieb. In solchen Fällen war es üblich, ihm die Freiheit zu schenken. Ihre Ausmusterung und Verabschiedung erfolgte im Rahmen einer kleinen Zeremonie, bei der man den Glücklichen ein hölzernes Schwert (lateinisch: rudis) verlieh. Dienstentlassene Gladiatoren hießen deshalb auch „Rudiarier". Der erfolgreichste Rudiarier, von dem die Quellen berichten, war der Freiwillige Publius Ostorius aus Pompeji. Er siegte in nicht weniger als 51 Kämpfen.

Bei der Härte des Gladiatorenlebens sollte man meinen, daß jeder Rudiarier den Tag herbeisehnte, an dem er der Arena für immer den Rücken kehren durfte. Doch das traf keineswegs auf jeden zu. So ließ sich der syrische Gladiator Flamma, von dem bereits in anderem Zusammenhang die Rede war, nach jeder Freilassung erneut anwerben. Insgesamt viermal empfing er auf diese Weise das hölzerne Schwert, bis er, im Alter von 30 Jahren und nach 38 Gefechten, schließlich doch noch unterlag und den Tod fand.

Ganz anders der Retiarier Vejanus. Nachdem er im Jahre 24 n. Chr. entlassen worden war, hing er Netz und Dreizack im Tempel des Herkules an den Nagel und zog sich mit seinen Ersparnissen aufs Land zurück. Dort starb er viele Jahre später, hochgeachtet und betrauert, in seinem Bett. Seine Lebensklugheit faßte der berühmte römische Dichter Horaz (65–8 v. Chr.) in den Sinnspruch für Gladiatoren: „*Sei weise und löse den alten Gaul beizeiten aus seinem Geschirr, auf daß er nicht stolpere und zum Gespött werde.*"

Dieser Grabstein stammt von der Mittelmeerinsel Lesbos. Die griechische Inschrift nennt den Namen des Toten: Polydromos, der nach seiner Ausrüstung und Bewaffnung wohl ein Secutor war.

Grabstein eines schwerbewaffneten Gladiators aus Ephesos in Kleinasien. Die mitabgebildeten vier Kränze zeigen, daß der Tote schon viermal gesiegt hatte, als ihn dann selbst das Schicksal ereilte.

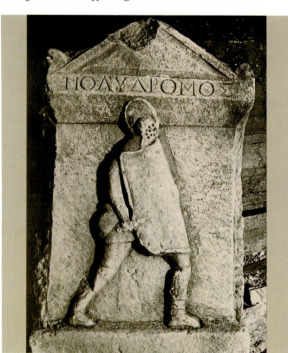

Kaiser **Augustus** (30 v.–14 n. Chr.) bemühte sich vergebens, den Gladiatorenspielen etwas von ihrer früheren Würde wiederzugeben.

Als einzigem Herrscher gelang es Kaiser **Tiberius** (14–37 n. Chr.), die Zahl der Munera wenigstens in Rom drastisch einzuschränken.

Kaiser **Marc Aurel** (161–180 n. Chr.), der „Philosoph auf dem Thron", verachtete die Gladiatorenspiele, mußte sie aber dulden.

Wie förderten die Kaiser die Munera?

Wie wir gesehen haben, gab es schon gegen Ende der Republik im ganzen Römischen Reich Munera von beträchtlicher Größe und Dauer. Doch erst in der Kaiserzeit entwickelten sich die Gladiatorenspiele zu jenen entsetzlichen Blutorgien, bei denen nach den Worten des empörten christlichen Bischofs Aurelius Augustinus (395–430 n. Chr.) die Zuschauer „wilde Grausamkeit in sich hineintranken".

Dabei fanden durchaus nicht alle Herrscher Roms Gefallen an dem tausendfachen Mord in den Arenen. Kaiser Tiberius zum Beispiel verbot privaten Veranstaltern, bei einem Munus mehr als 60 Fechterpaare aufzubieten. Er selbst, der Massenversammlungen haßte, blieb den Spielen möglichst fern und tat, ungeachtet des Volkszorns, alles, um die rohe Belustigung wenigstens in der Hauptstadt zu unterbinden.

Auch Kaiser Marc Aurel, der „Philosoph auf dem Thron", verachtete Gladiatorenspiele. Von diesem bedeutenden Herrscher und großen Menschen berichten die Quellen, er habe die Munera „in jeder Hinsicht eingeschränkt", unter anderem dadurch, daß er die Gladiatoren nur noch mit stumpfen Waffen kämpfen ließ. Wie Tiberius sah man auch ihn im Amphitheater nur selten. Mußte er aber anwesend sein, dann saß er mit teilnahmslosem Gesicht in seiner Loge, vertieft in Staatspapiere und philosophische Schriften.

Doch Tiberius und Marc Aurel waren Ausnahmen. Die meisten Kaiser fanden an Munera durchaus Gefallen, ja, manche waren geradezu süchtig danach. Selbst der sonst so milde und leutselige Augustus rühmte sich in seinem politischen Testament, er habe während seiner Regierungszeit nicht weniger als 10 000 Gladiatoren in die Arena geschickt. So konnte es nicht ausbleiben, daß die Munera mehr und mehr zu jenen grausigen Blutorgien verkamen, in denen sich der Größenwahn, die Abartigkeit und die Launen der allmächtigen Kaiser und ihrer Lakaien ungehemmt austobten nach dem Motto: immer aufwendiger, immer häufiger, immer ausgefallener, immer blutiger. Hier ein paar Beispiele für diese schlimme Entwicklung:

Schon wenige Jahre nach dem Tode des großen Augustus veranstaltete der offensichtlich geistesgestörte Kaiser Caligula in Rom fürchterliche Metzeleien.

*Unter dem geisteskranken Kaiser **Caligula** (37–41 n. Chr.) mußten viele Unschuldige in die Arena, darunter Greise, Krüppel und Frauen.*

*Kaiser **Claudius** (41–54 n. Chr.) ließ seine Gladiatoren blutige Schauspiele aufführen, darunter eine spektakuläre Seeschlacht.*

*Kaiser **Nero** (54–68 n. Chr.), anfangs ein kunstsinniger Jüngling, tobte später seinen Blutrausch in grausigen Munera aus.*

Unter ihm entwickelte sich das römische Gladiatorenwesen zu einem niemals endenden Totentanz, in den jedermann, auch gänzlich Unschuldige, hineingeraten konnten. Denn wer Caligula unangenehm auffiel, und sei es auch nur, weil er gut gewachsen oder gekleidet war, landete unweigerlich in der Arena, wo er unter den hämischen Blicken des Kaisers auf meist bestialische Weise umgebracht wurde.

Caligulas Nachfolger Claudius, der es liebte, unterlegenen Gladiatoren unter seiner Loge die Kehle durchschneiden zu lassen, um ihre Gesichter im Todeskampf aus der Nähe betrachten zu können, bot dem begeisterten Volk erstmals ein noch nie dagewesenes Schauspiel. Im Jahre 44 n. Chr. feierte er seine militärischen Erfolge in Britannien, indem er auf dem römischen Marsfeld die Erstürmung und Plünderung einer englischen Stadt von mehreren tausend Gladiatoren nachstellen ließ. Er selbst wohnte dem blutigen Spektakel in der prächtigen Uniform eines römischen Feldherrn bei.

Auf Claudius folgte Nero, der sich in wenigen Jahren vom kunstsinnigen Jüngling zum halbirrsinnigen Massenmörder entwickelte. Einer seiner zahllosen Beiträge zur „Weiterentwicklung" der Munera war die Massenhinrichtung der römischen Christen im Jahre 64 n. Chr. Der Kaiser hatte ihnen den Brand Roms in die Schuhe geschoben, den er in Wahrheit selbst hatte legen lassen. Der berühmte Geschichtsschreiber Publius Cornelius Tacitus (um 55–120 n. Chr.) hat uns das grausige Ereignis überliefert: *„Man machte aus ihrer Hinrichtung ein lustiges Fest. In Tierhäuten steckend, wurden sie entweder von Hunden zerfleischt oder ans Kreuz geschlagen oder angezündet, um nach Eintritt der Dunkelheit als Fackeln zu dienen."*

In der Zeit der Wirren nach Neros Sturz und Selbstmord regierte unter anderen der Übergangskaiser Vitellius. Seine Herrschaft dauerte noch nicht einmal ein Jahr. Doch während dieser Zeit feierte er seinen Geburtstag durch unerhört prunkvolle Gladiatorenspiele – in allen 265 Bezirken Roms!

Den nächsten Rekord stellte nur elf Jahre später Kaiser Titus auf. Anläßlich der Eröffnung des Kolosseums im Jahre 80 n. Chr. gab er dort ein Munus, das 100 Tage dauerte: eine Orgie der Verschwendung und Grausamkeit, wie sie die Welt noch nicht gesehen hatte. Doch sehr bald wurde auch dieser Re-

  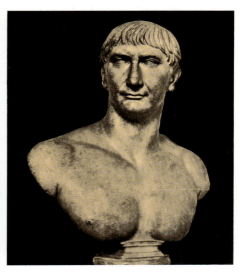

*Kaiser **Vitellius** (69 n. Chr.) feierte seinen Geburtstag mit prächtigen Gladiatorenspielen in allen 265 Bezirken der Stadt Rom.*

*Kaiser **Titus** (79–81 n. Chr.) ließ das neuerbaute Kolosseum mit Gladiatorenspielen einweihen, die 100 Tage dauerten.*

*Kaiser **Trajan** (98–117 n. Chr.) veranstaltete das größte Munus aller Zeiten – mit mehr als 10 000 Gladiatoren an 123 Tagen.*

kord überboten. Im Jahre 107 n. Chr. feierte Kaiser Trajan, unter dessen tatkräftiger Regierung das Römische Reich seine größte Ausdehnung erreichte, seinen Sieg über die Daker mit dem größten Munus aller Zeiten: an 123 Tagen kämpften rund 10 000 Gladiatoren – ebenso viele, wie Augustus in seiner ganzen 45jährigen Regierungszeit „verbraucht" hatte. Später wiederholte der Kaiser eine solche Riesenveranstaltung noch einmal, mit ähnlichen Kosten und ähnlichem Aufgebot. Man schaudert, wenn man sich das menschliche Leid und Elend vor Augen führt, das sich hinter diesen dürren Angaben verbirgt.

Als „Naumachie" bezeichneten die Römer die wirklichkeitsgetreue Nachstellung einer Seeschlacht. Sie war nicht nur die ausgefallenste, sondern auch die teuerste Form des Gladiatorenkampfes, weil man dazu riesige Flächen unter Wasser setzen, Schiffe von weither heranschaffen und Tausende von Gladiatoren speziell für den Schiffskampf ausbilden mußte.

Was ist eine Naumachie?

Erfinder der großen Naumachie war Gaius Julius Caesar, der erste Alleinherrscher Roms (45–44 v. Chr.), der eigens für diese Mammutschau auf dem Marsfeld einen riesigen See ausheben ließ. Die Seeschlacht bestritten 1000 Matrosen und 2000 Ruderer in historischen Kostümen. Sie war eine Sensation ersten Ranges. *„Von überall her strömten ungeheure Menschenmassen zusammen"*, berichtet der römische Geschichtsschreiber Sueton, *„so daß ein großer Teil der Auswärtigen auf Gassen und Landstraßen in Zelten übernachten mußte. In dem Gedränge wurden zahllose Menschen erdrückt, darunter zwei Senatoren."* Nach seiner Ermordung versumpfte Caesars See und wurde schließlich zugeschüttet. Statt dessen ließ Kaiser Augustus am Tiber ein neues Wasserbecken ausheben, das mit seinen Abmessungen von 557×536 m dreimal so groß war wie die Grundfläche des Kolosseums. Dort führte er im Jahre 2 v. Chr. zu Caesars Ehren eine Naumachie durch, die die Veranstaltung des Gefeierten weit in den Schatten stellte: 6000 Gladiatoren bestritten den Kampf, die Ruderer und Hilfskräfte nicht mitgerechnet.

Die größte Naumachie aller Zeiten aber gab Kaiser Claudius im Jahre 52 n. Chr.

Die größte und blutigste Naumachie aller Zeiten veranstaltete Kaiser Claudius im Jahre 52 n. Chr. auf dem Fucciner See. Vor dem Kaiser, der zu diesem Anlaß die Uniform eines Feldherrn angelegt hatte, kämpften 19 000 Gladiatoren, in der Mehrzahl Verbrecher, die, wenn sie das blutige Gemetzel überlebten, freigelassen wurden.

auf dem Fucciner See in der Nähe Roms. Aufgrund von Augenzeugenberichten schreibt der römische Geschichtsschreiber Publius Cornelius Tacitus (um 55–120 n. Chr.) dazu: „Claudius bewaffnete 19 000 Menschen. Ringsherum wurde ein Kreis von Kähnen geschlossen, um ein Entkommen in die Weite des Sees zu verhindern. Ufer, Hügel und Bergeshöhen bildeten den Zuschauerraum und waren voller Menschen, die aus den Nachbarstädten und aus Rom zusammengeströmt waren. Gekämpft wurde tapfer, obwohl es Verbrecher waren. Nachdem Blut in Strömen geflossen war, wurden die Überlebenden begnadigt."

Welche Rolle spielten Tierkämpfe in der Arena?

Den ersten Tierkampf sahen die Römer, als der aus dem Krieg heimgekehrte Konsul Marcus Fulvius Nobilior im Jahre 186 v. Chr. im Circus Maximus (der städtischen Rennbahn) die Eroberung der griechischen Landschaft Ätolien mit einem großen Fest beging. Vorgeführt wurden Löwen und Leoparden, die man gegen Bären, Stiere, wilde Eber und Hirsche hetzte.

Die neue Form der Unterhaltung setzte sich rasch durch. Bereits in der ersten Hälfte des 1. Jahrhunderts v. Chr. gehörten exotische Tiere zum festen Programm jedes größeren Gladiatorenspiels. Dabei hatten sie eine von vier möglichen Rollen zu übernehmen: die des „Henkers", die des Kämpfers gegen andere Tiere, die des Gegners von Gladiatoren und – am häufigsten – die des Jagdwildes.

Ausschnitt aus dem Mosaik von Zliten mit Szenen aus der Arena (Libyen, 1. Jahrhundert n. Chr.). Von links: sterbendes Wildpferd; Kampf eines Bären mit einem Stier; Hinrichtung durch einen Löwen.

Wie wurden Hinrichtungen durch Tiere vollzogen?

Tiere als „Henker" waren den Römern von zwei ihrer größten Feldherren nahegebracht worden: von Lucius Aemilius Paullus nach der Unterwerfung Mazedoniens (168 v. Chr.) und von seinem Sohn Lucius Cornelius Scipio nach der Eroberung und Zerstörung Karthagos (146 v. Chr.). Beide hatten – eine Neuheit in der römischen Geschichte – Überläufer und Fahnenflüchtige zur Abschreckung vor aller Augen von wilden Tieren zerreißen lassen. Dieses von den Römern als „höchst nützlich" empfundene Beispiel machte im römischen Strafrecht bald Schule. Vor allem, als der Bedarf der Amphitheater an immer neuen Sensationen ins Unermeßliche stieg, wurde die Verurteilung von Verbrechern „zu den Raubtieren" immer häufiger, ihre Hinrichtung im Rahmen von Gladiatorenspielen immer beliebter.

Als „Henker" bevorzugten die meisten Veranstalter Löwen, Panther, Leoparden und Bären. Wie sie die Hinrichtung vollzogen, zeigt unter anderem das berühmte Fußbodenmosaik, das man in der libyschen Stadt Zliten ausgegraben hat. Danach wurden die Verurteilten an Pfähle gebunden und so dem Angriff der ausgehungerten Raubkatzen hilflos preisgegeben. Oder aber sie wurden von Schergen den wütend heranpreschenden Bestien mit der Peitsche entgegengeprügelt.

Daneben gab es auch noch das Hineinwerfen in Käfige, das Festbinden auf dem Rücken eines Stiers und andere Scheußlichkeiten.

Ein anderer Teil des Mosaiks von Zliten. Von links: Hinrichtung gefesselter Menschen durch Leoparden; Hetzjagd auf Gazellen (oben) und Hirsche (unten); Kampf eines Tiergladiators mit einem Keiler.

Tierhetze in der Arena (Tafel aus dem Gladiatoren-Mosaik der Villa Borghese in Rom, 3. Jahrhundert n. Chr.). Das Aufgebot wilder Tiere umfaßt Löwen, Stiere, Hirsche, Antilopen, Wildschweine und Strauße.

Was waren Tierhetzen?

Als Tierhetzen (lateinisch: venatio) bezeichneten die Römer jede Art des öffentlichen Tierkampfes. Dazu zählte auch der vom Publikum hochgeschätzte Kampf von Tieren gegeneinander. Die Veranstalter wählten dafür mit Vorliebe solche Tiere aus, von denen die Gelehrten jener Zeit zu Unrecht annahmen, sie seien natürliche Feinde: Elefant und Nashorn zum Beispiel, Stier und Bär oder Löwe und Leopard. Um die Gegner an der Flucht zu hindern und um ihre Wut anzustacheln, kettete man sie zuweilen aneinander, wobei sich oft schreckliche Szenen abspielten.

Weitaus häufiger als der Kampf von Tieren gegeneinander waren jedoch die Kämpfe von Tieren gegen ausgebildete Tiergladiatoren, die sogenannten „Venatoren", für die es in Rom eine eigene Schule gab. In diesen Kämpfen waren die Tiere meist die Opfer. Zwar mochte

Dieses römische Mosaik (heute in den Vatikanischen Museen, Rom) zeigt den Kampf eines berittenen Elefanten mit einem Stier. So wie hier dargestellt hat man Großtiere, die man in der Arena aufeinanderhetzte, häufig angebunden, um zu verhindern, daß sie dem Gegner einfach ausweichen anstatt zu kämpfen.

Eine andere Tafel des Borghese-Mosaiks zeigt die erbarmungslose Hetze auf ein Rudel Leoparden. Am Ende gleicht die Arena einem Schlachthaus, aus dem man die toten Tiere an Stricken nach draußen schleift.

beim Angriff eines vor Wut schnaubenden Tigers auf einen nur mit Lanze und Peitsche ausgerüsteten Venator den Zuschauern das Blut in den Adern stocken. In Wahrheit aber hatten selbst die Giganten der Wildnis wie Elefanten oder Nashörner gegen die ausgefeilte Waffentechnik dieser Tierkampf-Spezialisten kaum eine Chance.

Vollends zum Schlachthaus wurde das Amphitheater, wenn die sogenannten „Jagden" angeblasen wurden. Nicht selten mußten dabei an einem einzigen Tag Hunderte von seltenen und kostbaren Tieren im Speer- und Pfeilhagel ihrer Jäger sterben: Löwen, Leoparden und Luchse; Stiere und Wisente; Wildpferde, Esel und Elche; Bären und wilde Eber; Hirsche, Antilopen, Steinböcke und Rehe; Strauße und Kraniche; Krokodile, Seehunde und viele andere. Als das Christentum diesem Wahnsinn schließlich ein Ende machte – das geschah offiziell erst im Jahre 681 n. Chr. –, da waren rings um das Mittelmeer viele Tierarten ganz oder beinahe ausgestorben.

Zwei Medaillons aus dem Mosaik der römischen Villa von Nennig an der Mosel (3. Jahrhundert n. Chr.). Links: zwei Tiergladiatoren beim Versuch, einen Kameraden aus den Pranken eines Bären zu befreien. Rechts: triumphierender Tiergladiator, der einen Leoparden durch einen Lanzenstich in den Rücken erlegt hat.

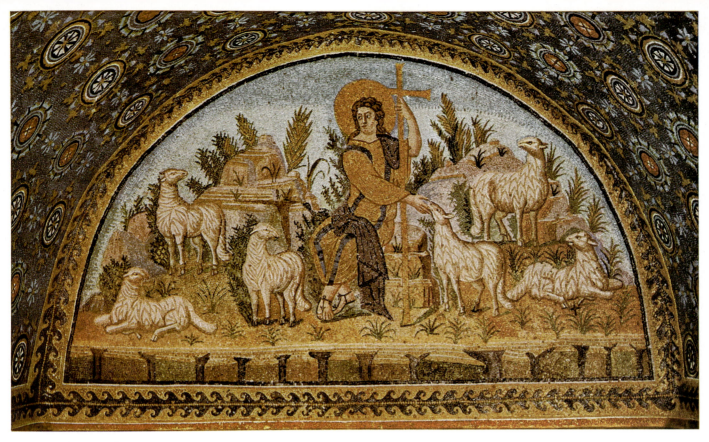

„Christus als guter Hirt" (Mosaik im sogenannten „Mausoleum der Galla Placidia" in Ravenna; 5. Jahrhundert n. Chr.). Mit der hier dargestellten Vorstellung vom christlichen Gottesfrieden war die Menschenverachtung, wie sie im römischen Gladiatorenwesen zum Ausdruck kam, auf Dauer unvereinbar.

Das Ende der Gladiatorenspiele

Zu allen Zeiten hat es unter den Römern Menschen gegeben, Philosophen, Geschichtsschreiber, Dichter und Politiker, die das Gladiatorenwesen ihres Landes mißbilligt, zuweilen auch heftig kritisiert haben. Doch darf man sich davon nicht täuschen lassen. Denn diese Kritik richtete sich nicht gegen die Munera als solche, sondern nur gegen ihre Auswüchse. Erst der neu aufkommende christliche Glaube forderte eine Abschaffung der Gladiatorenspiele.

Der Umbruch vollzog sich zunächst unmerklich. Als die ersten Anhänger des jüdischen Wanderpredigers und Propheten Joshua (lateinisch: Jesus) aus dem fernen Jerusalem aufbrachen, um den Menschen im Römischen Reich die Worte und Taten ihres Herrn und Meisters zu verkünden: seinen geheimnisvollen Tod am Kreuz, seine wunderbare Auferstehung und das von ihm vorausgesagte nahe Ende der Welt, da konnte noch niemand ahnen, daß sich hier eine Revolution anbahnte.

Doch die neue Lehre war eine Revolution. Denn sie lief auf nichts Geringeres hinaus als auf die Beseitigung der herrschenden römischen Moral und Weltordnung. In Zukunft, so die christlichen Missionare, sollten alle Menschen, auch die Herrschenden und die Reichen, für

Wer forderte als erster die Abschaffung der Munera?

gering achten, was ihnen bisher als besonders erstrebenswert erschienen war: Macht, Geld, Ansehen, Wohlleben, Zerstreuung und Wollust. Statt dessen sollten sie ihr flüchtiges Erdendasein dem einen unsichtbaren, allmächtigen und ewigen Vatergott weihen und, solange sie lebten, die Würde aller Menschen achten, auch die von Sklaven und Gladiatoren. So wie Jesus es gelehrt und vorgelebt hatte.

Zuerst ungläubig und amüsiert, dann verärgert, schließlich in ohnmächtiger Wut mußten die römischen Kaiser, die römische Oberschicht und das ganze römische Volk mitansehen, wie diese Christen, diese in ihren Augen lächerlichen Sektierer und Schwärmer, sich anmaßten, die Grundlagen römischen Lebens in Frage zu stellen: die alten Götter, die alten Ideale, die Zweiteilung der Menschheit in Freie und Sklaven, die Allmacht von Menschen über andere Menschen, die Gottgleichheit der Kaiser, Reichtum und Besitz, den Krieg und – den Lieblingszeitvertreib der Römer: die Gladiatorenspiele.

Constantin der Große, der erste Kaiser, der sich zum Christentum bekannte, leitete mit dem Edikt von Berytos das Ende des Gladiatorenwesens ein.

Wie wurden die Gladiatorenspiele abgeschafft?

Im Jahre 337 n. Chr. starb auf einem Feldzug Kaiser Constantin der Große (306–337 n. Chr.), nachdem er als erster römischer Kaiser, wenn auch erst auf dem Totenbett, die christliche Taufe empfangen hatte. Unter seiner Herrschaft war das junge Christentum zuerst für gleichberechtigt erklärt worden und später zur Staatsreligion aufgestiegen.

Der seitdem ständig wachsende Einfluß der christlichen Kirche wurde schon bald deutlich. Im Jahre 326 n. Chr. erließ der Kaiser in Berytos (heute: Beirut) das erste Edikt, das die Gladiatorenspiele im ganzen Römischen Reich mißbilligte. Verbrecher sollten fortan, so eine Bestimmung des Edikts, statt „zur Arena" zur Zwangsarbeit in den Bergwerken verurteilt werden.

Wie es scheint, zeigte das kaiserliche Edikt vor allem in den östlichen Teilen des Reiches Wirkung. In Italien dagegen, wo das Gladiatorenwesen entstanden war, machte Constantin den guten Anfang selbst wieder zunichte, indem er der Priesterschaft der Provinzen Umbrien und Etrurien eine Ausnahmegenehmigung erteilte. Warum er das tat, wissen wir nicht genau. Jedenfalls machte das schlechte Beispiel Schule, und die Gladiatorenspiele lebten überall wieder auf.

Trotz dieses Rückschlages aber verfolgte die christliche Kirche ihr Ziel, die Abschaffung der Munera, beharrlich weiter. Im Jahre 357 n. Chr. verbot Kaiser Constantius II. allen römischen Sol-

*Das Ende des römischen Gladiatorenwesens
kam im Jahre 404 n. Chr., als der griechische Mönch Telemachos protestierend in eine Arena in Rom eindrang und den Kämpfenden in den Arm fiel. Weil die wütenden Zuschauer ihn daraufhin erschlugen, verbot der über den Mord erzürnte Kaiser Honorius die Munera für immer.*

daten und Offizieren, sich persönlich an Gladiatorenspielen zu beteiligen. Acht Jahre später, im Jahre 365 n. Chr., verschärfte Kaiser Valentinian die Bestimmungen, indem er allen römischen Gerichten untersagte, Christen „zur Arena" zu verurteilen. Und kurz vor der Jahrhundertwende, im Jahre 399 n. Chr., ließ Kaiser Honorius in Rom sämtliche noch bestehenden Gladiatorenschulen schließen.

Das endgültige Aus für die Munera folgte dann noch einmal fünf Jahre später. Nach dem Bericht des Bischofs Theodoretos von Kyrrhos (423–466 n. Chr.) gab den Anstoß dazu ein gewisser Telemachos, ein Mönch aus Kleinasien, der im Jahre 404 n. Chr. in ein Munus eingedrungen war und versucht hatte, die Gladiatoren zur Aufgabe des Kampfes zu bewegen. Diesen frommen Eifer büßte er mit dem Leben. Denn „die Zuschauer bei dem mörderischen Spiel", so Bischof Theodoretos, „ergrimmten, und erfüllt von der Wut des Dämons, der an jenem Blutvergießen seine Freude hat, steinigten sie den Boten des Friedens."

Doch das Opfer des Telemachos war nicht umsonst. Unter dem Eindruck seines Märtyrertodes verbot Kaiser Honorius die Gladiatorenspiele für immer.

    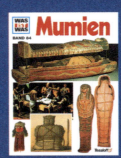 
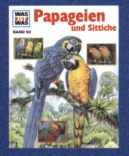 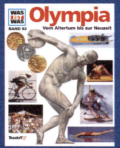 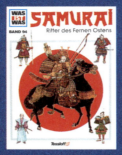   
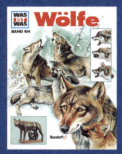    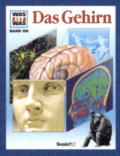